어린이
격몽요결

율곡 이이 선생님 초상화

어린이 격몽요결

이이 지음 | 한문희 엮음

연암서가

엮은이 **한문희**

홍익대학교 사범대(역사교육과)를 졸업하고 같은 대학원(역사학)을 마쳤다. 세종대왕기념사업회에서『조선왕조실록』등 우리 고전의 번역 및 기획·편찬 등을 담당했으며, 한국글꼴개발원 책임연구원, 동방미디어 콘텐츠사업부 및 디지털뮤지엄사업부 총괄 상무이사, 누리미디어 상무이사, 김영사 편집실장 등을 지냈다. 현재는 한국고전번역원에 재직하고 있으며, 인문콘텐츠학회 및 한국번역가협회 이사이다. 종이책 출판과 디지털을 넘나드는 콘텐츠 크리에이터(Contents-Creater)로서, 우리 고전을 이 시대에 맞게 되살리는 일에 힘쓰고 있다. 홍익대·상명대 등에서 디지털문화론, 문화콘텐츠기획 등을 강의했으며,『아버지의 편지_다산 정약용 편지로 가르친 아버지의 사랑』(초등학교 6학년 국어 읽기 교과서 수록),『훈민정음_세계가 놀라는 우리의 글자』,『생각이 자라는 우리 고전』,『문화콘텐츠입문』(공저) 등을 펴냈다.

어린이 격몽요결

2014년 8월 10일 초판 1쇄 발행
2022년 3월 20일 초판 3쇄 발행

지은이 | 이이
엮은이 | 한문희
펴낸이 | 권오상
펴낸곳 | 연암서가
등록 | 2007년 10월 8일(제396-2007-00107호)
주소 | 경기도 고양시 일산서구 호수로 896번지 402-1101
전화 | 031-907-3010
팩스 | 031-912-3012
이메일 | yeonamseoga@naver.com
ISBN 978-89-94054-57-5 73150
값 10,000원

※ 여는 글

어린이 여러분!

사람의 일생에서 가장 중요한 시기는 언제일까요? 아마도 어린 시절이 아닐까요. 왜냐하면 어린 시절은 생각이나 꿈이 한창 자라나고 피어나는 시기라서 이때 무엇을 보고 배우느냐에 따라서 그 사람의 미래가 달라질 수 있기 때문입니다. 그래서 이 시기에는 미래에 바람직한 삶을 살아가기 위해 필요한 많은 것들을 배우게 되는데, 특히 이때 읽은 감명 깊은 책이나 좋은 교훈은 평생 가슴에 남아서 살아가는 데 아주 중요한 안내자의 구실을 한답니다.

우리 주변에는 간혹 재능이 뛰어나고 남들보다 공부도 열심히 해서 뛰어난 실력을 가지고 있음에도 오히려 남을 깔보고 자만하다가 스스로 인생의 실패자로 떨어지는 경우가 있답니다. 생각해 보면 이런 사람들은 공부를 하면서 지식은 남들보다 훨씬 많이 쌓았을지는 모르지만 올바른 공부를 위해 가져야 할 소중한 깨우침은 부족했던 것을 알 수 있습니다.

그래서 율곡 이이 선생님은 이러한 점을 늘 염려하시고 스스로 조심하셨기에 평생 열심히 인격을 닦으며 부지런히 학문에 힘쓰는 일에 조금도 게을리 하지 않으셨어요. 그리고 42세 되던 해에 공부를 하는 사람들을 위해 평생 가슴에 새기고 힘써야 할 일들이 무엇인가를 적은 한 권의 책을 펴내셨답니다.

그 책이 바로 『격몽요결(擊蒙要訣)』, 즉 '어린 사람이 깨우쳐야 할 소중한 글'이랍니다. 주로 처음 공부를 시작하는 사람들이 평생 동안 간직해야 할 소중한 가르침이자 깨우쳐야 할 도리를 적은 글이지요.

이 책은 선생님이 돌아가신 뒤, 어린이들과 처음 공부를 시작하는 사람들을 위한 교재로 널리 보급되었답니다. 그래서 이 책에서 율곡 이이 선생님이 말씀하신 한마디 한마디는 우리가 어떻게 살아가야 할지 그 해답을 알려주는 소중한 가르침이라고 할 수 있어요.

뛰어난 학자, 교육자, 정치가로서 많은 업적을 쌓으셨던 율곡 이이 선생님! 타고난 재능도 뛰어나셨지만 꾸준한 노력으로 훌륭한 인격과 학문을 쌓으신 율곡 이이 선생님!

　율곡 이이 선생님이 전해 주시는 소중한 가르침을 생각하며, 사람은 왜 공부를 해야 하는지, 공부하는 사람은 어떤 마음가짐을 가져야 하는지, 또 무엇을 실천하고 어떻게 처신해야 하는지를 곰곰이 생각하면서 한마디 한마디를 가슴에 새기면 어떨까요.
　어린이 여러분!
　어렸을 때 가슴에 새긴 소중한 한마디의 말은 평생을 갑니다. 이를 잘 받아들여 평소에 실천해 간다면, 어느새 변화된 자신을 만나게 될 거예요.

엮은이 한문희

* 차례

여는 글 ·· 5

1. 공부와 독서, 인격 수양의 장 ············· 13

뜻을 확고하게 세워라 : 입지立志 ········· 15
1. 배움이란 무엇인가요? ························ 16
2. 배움에 힘쓰려면 무엇부터 해야 하나요? ··· 20
3. 배움에 있어 중요한 것은 무엇인가요? ····· 25

나쁜 버릇을 버려라 : 혁구습革舊習 ······· 31
4. 공부를 방해하는 나쁜 버릇이 무엇인가요? ··· 32
5. 나쁜 버릇은 어떻게 없애야 하나요? ······· 36

몸가짐(태도)을 조심하여라 : 지신持身 ··· 41
6. 어떤 몸가짐(태도)을 가져야 하나요? ······ 42

7. 몸가짐을 조심하려면 어떻게 해야 하나요? ·············· 47
8. 공부함에 있어 무엇을 수양해야 하나요? ·············· 55
9. 공부함에 있어 어떤 마음을 가져야 하나요? ·········· 61
10. 공부에 해로운 것은 무엇인가요? ······················· 65
11. 평생 힘써야 할 것은 무엇인가요? ······················ 69

독서에 힘써라 : 독서讀書 ·· 73

12. 왜 책을 읽어야 하나요? ································· 74
13. 책을 읽을 때에는 어떻게 해야 하나요? ·············· 78

2. 효도와 예절, 처세의 장 ·· 83

부모님께 효도하여라 : 사친事親 ·· 85

14. 왜, 부모님께 효도해야 하나요? ························ 86
15. 효도하는 데 가장 중요한 것은 무엇인가요? ········ 90
16. 어떻게 해야 부모님께서 기뻐하실까요? ············· 95

살아계신 듯 정성을 다하거라 : 상제喪制·제례祭禮 ·········· 99

17. 부모님이 돌아가시면 어떻게 하나요? ··············· 100
18. 조상님께 제사를 지내는 참 뜻은 무엇인가요? ··· 105

집안을 잘 이끌어라 : 거가居家 ········ 109

19. 집에서의 생활은 어떻게 해야 하나요? ········ 110
20. 가족간에는 어떻게 해야 하나요? ········ 113
21. 집안이 가난해도 기본이 되는 것은 무엇인가요? ······ 118

사람들과 잘 사귀거라 : 접인接人 ········ 123

22. 사람들과 잘 사귀려면 어떻게 해야 하나요? ········ 124
23. 다른 사람과 관계가 안 좋으면 어떻게 해야 할까요? ··· 129
24. 주위 여러 사람들과는 어떻게 지내야 하나요? ······· 133

슬기롭게 처신하여라 : 처세處世 ········ 137

25. 살아가는 데 가장 중요한 것은 무엇인가요? ········· 138

3. 율곡 이이 선생님의 일생과 업적 ········ 145

1. 율곡 선생님은 어떤 삶을 사셨나요? ········ 147
2. 율곡 선생님은 어떤 업적을 남기셨나요? ········ 156
3. 율곡 선생님의 '어린이가 하지 말아야 할 열일곱 가지 조목' 164

1. 공부와 독서, 인격 수양의 장

    이 장은 주로 공부와 독서, 그리고 인격을 수양하는 데 관련된 내용입니다. 뜻을 세워 공부에 힘쓸 것, 공부를 방해하는 나쁜 습관들을 버릴 것, 몸가짐을 함부로 하지 말고 조심해서 행동할 것, 부지런히 독서에 힘쓸 것을 말씀하셨답니다. 한마디 한마디 가슴에 새기고 노력한다면, 여러분의 마음은 더욱 커지고 열려서 훌륭한 사람으로 커갈 수 있게 될 것입니다.

뜻을 확고하게 세워라 | 입지 立志

 스스로 뜻을 세웠다고 말하면서도 즉시 공부에 힘쓰지 않고 머뭇거리며 뒷날을 기다리는 것은 무슨 까닭인가?
 그것은 입으로만 뜻을 세웠을 뿐 실제로는 공부에 대한 정성이 없기 때문이란다. 진실로 공부하는 데 뜻을 둔 사람이라면 올바른 도리를 실천하고자 하는 목표를 반드시 이룰 수 있는 것이란다. 그러니 어찌 남이 대신 해주기를 바라며 뒷날을 기다릴 수 있겠느냐?
 '뜻을 세우고 마음을 고쳐먹는 것'이 중요한 까닭은 즉시 공부를 시작하여 전념할 수 있고, 오히려 목표에 미치지 못할까 두려워하면서 생각하고 또 생각하여 스스로 포기하지 않게 되기 때문이란다.

1. 배움이란 무엇인가요?

* 배움이란 특별한 것이 아니며, 누구나 할 수 있는 것이란다.

사람이 이 세상에 태어나서 배우지 않으면 사람이 될 수 없단다. 그런데 배움이란 이상하다거나 특별한 지식을 쌓는 것이 아니란다.

> 어버이는 자식을 사랑하는 것이요,
> 자식은 어버이께 효도하는 것이요,
> 신하는 임금에게 충성하는 것이요,
> 부부는 남편과 아내로서 각자 할 도리를 다하는 것이요,
> 형제는 서로 사랑하는 것이요,
> 젊은이는 어른을 공경하는 것이요,
> 친구끼리는 믿음이 있어야 하는 것이란다.

배움이란 이처럼 날마다 생활하고 행동하면서 그 때마다 마땅히 해야 할 것을 실천하는 것이지, 어렵기만 하고 이상한 것에 마음을 써서 신기한 효과를 바라는 것이 아니란다. 그런데도 지금 사람들은 배움이 일상 생활 속에서 실천하는 것임을 생각지 않고, 그저

높고 멀기만 하다고 생각하여 실천하기 어려운 것이라고 생각하고 있단다.

그러다 보니 배움을 특별한 사람들이나 하는 것으로 생각하고 스스로 포기한 채로 배우지 않음을 그저 편안하게 여기니, 어찌 슬프지 않겠느냐?

함께 생각해 볼까요

어린이 여러분!

이 글은 율곡 선생님께서 『격몽요결』 책 첫머리에 '사람은 왜 배워야 하는가?'에 대해 말씀을 하신 거예요.

여러분들은 흔히 '배운다'고 하면 국어, 수학, 과학, 외국어 공부 따위를 생각하실 거예요. 물론 그것도 중요한 공부 과목이지만, 율곡 선생님은 배움이란 사람으로서 올바르게 살아가는 데 필요한 것들을 생활하는 가운데 하나하나 익히고 힘써서 실천해 가는 과정이라고 생각하셨답니다.

그래서 배움이란 특별한 지식을 익히려고 힘쓰는 것이 아니라, 매일매일 일상 생활 속에서 자신이 해야 할 것들을 힘써서 실천함으로써 깨닫게 되는 것이라고 하셨어요.

조선시대에 유학자들이 중요하게 읽었던 책 가운데 『근사록(近思錄)』[1]이라는 책에는, "만일 배움에 뜻을 두려고 한다면 도덕을 완성하는 것을 목표로 삼아야 한다."라는 말이 있는데, 바로 율곡 선생님께서 하신 말씀도 같은 뜻이라고 할 수 있어요.

자신과 가장 가까이 있고, 함께 살아가는 소중한 사람들에게 내 자신이 어떻게 마음먹고 행동해야 하는지를 알고 실천하는 것!

바로 이것이 진정한 배움의 참 뜻이고 소중한 의미랍니다.

배워 볼까요

인 생 사 세   비 학 문   무 이 위 인
人生斯世, 非學問, 無以爲人,
사람이 이 세상에 태어나 배우지 않으면 올바른 사람이 될 수 없으니.

소 위 학 문 자   역 비 이 상 별 건 물 사 야
所謂學問者, 亦非異常別件物事也.
배움이란 이상하거나 특별한 사물이 아니란다.

지 시 위 부 당 자
只是爲父當慈,
아버지는 마땅히 자식을 사랑하고,

---

1) 『근사록(近思錄)』: 중국 송(宋)나라 때 유학의 생활 및 학문에 있어서 꼭 필요한 것들을 유명한 유학자들의 글에서 뽑아서 지침서로 만든 책이다. 제목의 '근사'는 『논어』의 "널리 배우고 그 뜻을 돈독히 하며, 절실하게 묻고 가까이 생각하면 인(仁)은 그 가운데 있다"라는 구절에서 따온 것이다.

위 자 당 효
爲子當孝,
자식은 마땅히 부모님께 효도하며,

위 신 당 충
爲臣當忠,
신하는 마땅히 나라에 충성하고,

위 부 부 당 별
爲夫婦當別,
부부간에는 마땅히 분별이 있으며,

위 형 제 당 우
爲兄弟當友,
형제는 마땅히 우애하고,

위 소 자 당 경 장
爲少者當敬長,
젊은이는 마땅히 어른을 공경하며,

위 붕 우 당 유 신
爲朋友當有信.
친구간에는 마땅히 신의가 있어야 하는 것이란다.

2. 배움에 힘쓰려면 무엇부터 해야 하나요?

*먼저 확고한 뜻을 세워야 한단다.

처음 공부를 시작하는 사람은 먼저 '뜻을 세워야' 한단다.

'**반드시 옛날의 훌륭한 성인(聖人)[2]들처럼 되리라**' 스스로 마음을 먹고, 조금이라도 자신을 하찮게 여기면서 스스로 포기하거나 물러서려는 생각을 하지 말아야 한단다.

평범한 보통 사람이나 옛날의 훌륭한 성인이나 본래 타고난 바탕은 다 똑같은 것이란다. 따라서 평범한 보통 사람도 진실되게 알고 실천함으로써 지난날의 나쁜 버릇을 없애버리고 처음의 타고난 착한 바탕으로 회복된다면, 누구나 충분히 옛날의 훌륭한 성인처럼 될 수 있는 것이란다.

그래서 중국의 맹자(孟子)[3]는 사람의 타고난 바탕이 본래 착한

---

2) 성인(聖人) : 동양에서는 가장 이상적인 도덕적 인격을 갖춘 사람을 일컫는 말로 흔히 요 임금이나 순 임금 그리고 공자(孔子) 등을 말한다. 조선시대 학자들은 이러한 최고의 인격을 갖춘 '성인'이 되는 것을 수양의 궁극적인 목표로 삼았다.

것임을 말하면서, 요(堯) 임금과 순(舜) 임금⁴⁾을 예를 들며 다음과 같이 말씀하였단다.

"사람은 다 요 임금과 순 임금처럼 훌륭하게 될 수 있다."

그러므로 늘 스스로 끊임없이 노력하여 아래와 같이 다짐을 해 보거라.

"사람의 타고난 바탕은 본래 착하기 때문에 예로부터 지혜롭건 어리석건 그 차이가 없는 것이다. 그런데 옛날의 훌륭한 성인은 무슨 까닭으로 성인이 되었으며, 나는 무슨 까닭으로 평범한 사람이 되었는가? 이는 진실로 뜻을 세우지 못하고, 아는 것이 밝지 못하고, 행실이 믿음직스럽지 못하여 그리 되었을 뿐이다. 따라서 뜻을 세우고, 아는 것을 밝게 하며, 행실을 믿음직스럽게 하는 것은 모두 내가 어떻게 하느냐에 달려 있는 것일 뿐이지, 다른 데서 구할 수 있는 것이 아니다. 또한 안연⁵⁾이 말하기를 '순 임금은 어떤 사람이며, 나는 어떤 사람인

---

3) 맹자(孟子) : 중국 전국시대의 학자로 이름은 맹가이며, 맹자는 그를 높여서 부르는 호칭이다. 공자와 함께 유학의 사상 형성에 큰 영향을 미친 인물로 사람의 본성이 본래 착하다는 성선설(性善說)을 주장하였고, 그의 언행을 기록한 책으로 『맹자』가 있다.
4) 요(堯) 임금과 순(舜) 임금 : 중국 고대의 제왕으로, 요 임금은 중국 고대 하나라를 세웠다고 하며, 순 임금은 요 임금에 임금 자리를 물려받아 태평성대의 이상적인 정치를 이루었다고 전한다.

가? 나도 그렇게 되려고 노력한다면 또한 그와 같이 될 수 있다'고 하였으니, 나 또한 마땅히 안연이 순 임금처럼 될 수 있음을 바란 것처럼 본보기로 삼아 힘써야겠다."

함께 생각해 볼까요

조선시대 우리나라 유학자들을 '성리학자'라고도 한답니다. 이들은 마음을 닦고 평생 노력함으로써 성인과 같은 이상적인 인격을 완성하고, 또 성인의 도리를 본받아 평소에 실천하고자 했어요. 그래서 율곡 선생님께서는 배움에 있어서 먼저 뜻을 세워야 하는데, 그 뜻이란 옛날의 훌륭한 성인처럼 되겠다는 목표를 세워야 한다고 하신 것이랍니다.

그런데 공자, 석가, 예수, 소크라테스, 요 임금, 순 임금 등 성인이라고 하는 분들은 어떤 분들일까요? 이 분들은 다른 사람에 앞서 올바른 사람의 도리를 깨우치고 이를 실천하려고 노력하였을 뿐만 아니라, 널리 사람들을 이롭게 하기 위하여 자신을 돌보지 않고 힘쓰신 분들입니다. 그래서 가난하고 힘든 사람을 구제하고 나쁜 길로 빠진 사람을 좋은 길로 인도하려고 하셨지요.

그런데 이 분들은 원래 태어나면서부터 그런 능력을 갖고 있었을까

---

5) 안연(顔淵) : 공자의 제자로서, 도덕의 실천과 학문에 뛰어나서 공자가 가장 아끼던 제자였다.

요? 또 역사에서 위인이라고 일컫는 세종대왕, 이순신 장군, 김구 선생님 같은 분들은 태어날 때부터 뛰어난 능력을 갖고 있었던 걸까요?

아닙니다. 이 분들은 스스로 온갖 어려움과 좌절을 딛고 역경을 물리쳐서 마침내 자신들이 품은 꿈과 생각을 실천하신 것입니다.

"뜻이 있는 곳에 길이 있다."

"불가능이란 없다."

우리가 어떤 마음을 먹고 열심히 공부하고 노력하느냐에 따라 우리의 인생이 달라질 수 있습니다. 율곡 선생님이 『격몽요결』 첫머리에 사람이 왜 배워야 하는가? 또 무엇을 목표로 해야 하는가? 라는 말씀을 하신 까닭은 여러분 스스로 '나도 할 수 있다'라는 각오를 마음에 새기고 열심히 노력함으로써 누구나 훌륭한 '성인'처럼 될 수 있다는 것을 깨닫게 하기 위함이라는 것을 잊지 마시기 바랍니다.

배워 볼까요

인 성 본 선
人性本善,
사람의 본성은 본래 착하여,

무 고 금 지 우 지 수
無古今智愚之殊,
예나 지금이나 지혜롭건 어리석건 차이가 없는데,

성 인 하 고 독 위 성 인
聖人何故獨爲聖人,
성인은 무슨 까닭으로 홀로 성인이 되고,

아 즉 하 고 독 위 중 인 야
我則何故獨爲衆人耶.
나는 무슨 까닭으로 홀로 평범한 사람이 되었는가?

양 유 지 불 립 지 불 명 행 부 독 이
良由志不立, 知不明, 行不篤耳.
진실로, 뜻을 세우지 못하고, 아는 것은 밝지 못하며, 행실이 독실하지 못한데서 비롯된 것일 뿐이다.

지 지 립 지 지 명 행 지 독
志之立, 知之明, 行之篤,
뜻을 세우고, 아는 것을 밝게 하며, 행실을 독실하게 하는 것이

개 재 아 이 기 가 타 구 재
皆在我耳, 豈可他求哉.
모두 나에게 달려 있으니, 어찌 다른 데서 구하겠는가?

3. 배움에 있어 중요한 것은 무엇인가요?

* 올바른 도리를 실천하는 것이란다.

사람의 용모란 태어날 때부터 타고난 것이기에 바꾸기 어려운 것이란다.

그래서 얼굴이 못생긴 사람을 예쁘게 바꿀 수 없고, 본래 힘이 약한 사람을 갑자기 강하게 만들 수 없으며, 키가 작은 사람을 키가 큰 사람으로 만들 수 없는 것이란다.

이러한 것들은 이미 태어날 때부터 정해진 것이라서 고치기가 어려운 것들이란다.

그렇지만 마음은 어떠한가?

마음에 품은 생각은 얼마든지 좋은 쪽으로 바꿀 수 있는데, 그것은 마음이란 본래부터 정해진 모양이 있는 것이 아니기 때문이란다. 따라서 배운 것을 받아들이고 꾸준히 공부에 힘쓴다면 타고난 것과는 상관없이 어리석거나 못난 사람도 마음먹기에 따라 얼마든지 슬기롭고 똑똑한 사람이 될 수 있는 것이란다.

따라서 마음을 고쳐먹고 노력하여 슬기롭고 어질게 될 수 있다면,

이보다 더 좋고 중요한 것이 어디 있겠느냐? 그런데도 사람들은 무엇이 힘들다고 슬기롭고 어질게 되려는 마음은 실천하지 않으면서 타고난 용모나 천성만 탓하는지 모르겠구나?

이에 사람들이 이와 같은 뜻을 마음속에 간직하여 스스로 굳게 지키고 포기하지 않는다면 누구나 올바른 사람에 더욱 가깝게 될 수 있단다.

그런데 사람들이 스스로 뜻을 세웠다고 말하면서도 즉시 공부에 힘쓰지 않고 머뭇거리며 뒷날을 기다리는 것은 무슨 까닭인가?

그것은 입으로만 뜻을 세웠을 뿐 실제로는 공부에 대한 정성이 없기 때문이란다. 진실로 공부하는 데 뜻을 둔 사람이라면 올바른 도리를 실천하고자 하는 목표를 반드시 이룰 수 있는 것이란다. 그러니 어찌 남이 대신 해주기를 바라며 뒷날을 기다릴 수 있겠느냐?

따라서 '뜻을 세우고 마음을 고쳐먹는 것'이 중요한 까닭은 즉시 공부를 시작하여 전념할 수 있고, 오히려 목표에 미치지 못할까 두려워하면서 생각하고 또 생각하여 스스로 포기하지 않게 되기 때문이란다.

만일 혹시라도 뜻이 진실되지 못하고 굳세지 못하여 미적거리며 시간을 보낸다면 목숨이 다하여 세상을 마치기까지 아무것도 이루지 못한다는 것을 명심해야 한단다.

> 함께 생각해 볼까요

    율곡 선생님은 배움이란 사람으로서의 올바른 도리를 알고 실천하는 것이라고 하셨습니다. 그리고 특히 이 글에서 율곡 선생님은 먼저 확고한 뜻을 세우고 노력하는 '**마음의 힘**'을 강조하셨습니다.

    흔히 우리는 주변에서 '**마음먹기에 달렸다**'는 말을 자주 듣습니다. 부모님과 선생님은 어린이 여러분에게 부족하거나 더 필요로 하는 것이 있을 때 "**충분히 잘 할 수 있어. 마음먹기에 따라서 얼마든지 해낼 수 있어**"라고 말씀하십니다.

    여러분들도 잘 생각해 보면 이 말씀을 왜 하셨는지 알 수 있을 거예요.

    사람은 스스로 생각할 수 있는 능력이 있기 때문에 자신이 어떤 생각을 하느냐에 따라서 얼마든지 달라질 수 있답니다. 그리고 마음먹었으면 즉시 실천하는 자세가 매우 중요하답니다. 그런데 이런 생각이나 실천하는 자세는 하루아침에 이루어지지 않는답니다. 굳게 마음먹고 다짐하고 또 다짐하며 하루하루 성실하게 실천해 나갈 때 이루어지는 것이랍니다.

    공부도 마찬가지랍니다. 스스로 하루하루 조금씩이라도 매일 실천해 나갈 때 자신도 모르게 몸에 배게 되는 것이지요.

    한번 마음을 굳게 정하였으면 반드시 목표를 이루고야 말겠다는 생각으로 열심히 노력하고 실천하라는 율곡 선생님의 말씀!

    이것이 '**배움의 시작**'이라는 것을 가슴에 새기고 또 새기시기 바랍니다.

배워 볼까요

범인자위입지
凡人自謂立志,
사람이 스스로 '뜻을 세웠다' 하면서도

부즉용공 지회등대자
不卽用功, 遲回等待者,
즉시 공부를 하지 않고 미적거리고 나중을 기다리는 것은

명위입지 이실무향학지성고야
名爲立志, 而實無向學之誠故也.
이름은 '뜻을 세웠다' 하면서도 실제로는 '배움을 향한 정성'이 없기 때문이란다.

소귀호입지자
所貴乎立志者,
'뜻을 세움'을 귀하게 여기는 것은

즉하공부
卽下工夫,
즉시 공부에 착수하여

유공불급
猶恐不及,

오히려 미치지 못할까 두려워하며

염 념 불 퇴 고 야
念念不退故也.
생각하고 생각하여 물러서지 않기 때문이란다.

나쁜 버릇을 버려라 | 혁구습 革舊習

    나쁜 버릇은 사람에게 있어 세운 뜻을 약하게 하고, 행동도 의젓하지 못하게 한단다.
    그러므로 이러한 나쁜 버릇을 없애려면 어떻게 해야 하는가?
    마음속으로 반드시 나쁜 버릇을 없애겠다는 굳은 뜻을 크게 일으켜 단칼에 그 뿌리를 깨끗이 잘라버리듯이 해야 하고, 마음에 조금이라도 남아 있으면 나쁜 버릇의 싹을 털끝만큼도 없도록 과감하게 끊어버려야 한단다.
    혹여 조금이라도 나쁜 버릇이 남아 있다면 이를 과감하게 없애야만 공부하는 목표를 이룰 수 있다는 것을 가슴에 새겨야 한단다.

4. 공부를 방해하는 나쁜 버릇이 무엇인가요?

* 마음을 어지럽히는 나쁜 버릇에는 크게 여덟 가지가 있단다.

사람이 공부에 뜻을 두었으면서도 과감하게 앞으로 나아가서 그 뜻을 이루지 못하는 것은 무엇 때문인가?

그것은 바로 나쁜 버릇이 가로 막고 방해하기 때문이란다.

즉, 나쁜 버릇을 아주 끊어버리지 못한다면, 끝내는 공부하는 근본이 없어지게 된단다.

그렇다면 공부를 가로막는 나쁜 버릇이란 어떤 것일까?

첫째는, 품은 뜻을 실천함에 있어 마음가짐을 게을리 하는 것이란다. 그래서 행동거지와 용모를 제멋대로 하고, 오직 한가롭게 노는 것만을 생각하는 것이란다.

둘째는, 늘 무슨 일을 꾸미려고만 하고, 조용히 스스로 마음을 안정시키지 못하여 바쁘게 드나들며 이런저런 이야기로 헛되이 시간을 보내는 것이란다.

셋째는, 함께 휩쓸리는 것을 좋아하고, 남들과 다르게 행동하면 따돌림을 당할까봐 두려워하는 것이란다. 즉, 스스로 조금씩 수양하며 조심하려 하다가도 이내 남들과 어그러질까 두려워 실천하지 못하는 것이란다.

　넷째는, 글이나 잘 써서 다른 사람들에게 칭찬받거나 이익을 챙기려하고, 옛날 훌륭한 사람들이 지은 책을 함부로 인용하여 문장이나 겉만 화려하게 꾸미려는 것이란다.

　다섯째는, 편지나 글씨를 잘 쓰는 것에만 마음이 빠져서 한가로이 놀면서 세월을 보내는 것을 자랑스럽게 여기는 것이란다.

　여섯째는, 한가롭게 아무 일도 없는 사람들을 공연히 모아 바둑이나 장기를 두면서, 온종일 배불리 먹으며 내기를 일삼는 것이란다.

　일곱째는, 자기중심이 없이 부유하고 신분 높은 것만 부러워하고, 가난하고 신분이 낮은 것을 싫어하며, 좋지 않은 옷과 좋지 않은 음식을 몹시 부끄럽게 여기는 것이란다.

　여덟째는, 즐기는 것과 욕심이 끝이 없어서 이를 과감히 끊지 못하고 억제하지 못하여, 끝내 재물과 노는 것에 빠져 그 맛을 사탕처럼 달게 여기는 것이란다.

　이렇게 공부에 방해되는 나쁜 버릇은 대개 위와 같은 것인데, 하물며 그 외에 나쁜 버릇이야 일일이 다 말하기도 어려울 정도란다.

함께 생각해 볼까요

어린이 여러분!

좋은 습관은 나를 새롭게 하여 자신이 목표한 것을 이룰 수 있는 중요한 바탕이 되지만, 나쁜 습관은 이러한 목표를 방해하여 끝내 이룰 수 없게 만든답니다.

그래서 율곡 선생님은 배움에 뜻을 둔 사람들에게 방해되는 나쁜 버릇이 무엇인지 하나하나 예를 들어 주시면서 이런 버릇들을 당장 고치지 않으면 배움에 힘쓸 수 없다고 하셨어요.

여러분들도 스스로 어떤 나쁜 버릇이 있는지 한번 생각해 보세요.

게을러서 계획대로 규칙적인 생활을 못하지는 않는가?

게임이나 오락에만 온통 마음을 빼앗기고 있지는 않는가?

친구를 괴롭히고 놀리며 따돌리지는 않는가?

부모님께 괜한 투정과 심술을 부리지는 않는가?

겉모습에만 신경을 쓰면서 좋고 비싼 것만 탐내지는 않는가?

지금 할 일을 나중으로 미루지는 않는가?

옛글에 '**일신 일일신 우일신(日新 日日新 又日新)**'이란 말이 있는데, 이 말은 매일매일 계속해서 새롭게 한다는 뜻으로 '**날마다 잘못을 고치고 그 덕을 닦음에 게으름이 없다**'라는 말입니다.

좋지 않은 습관이나 버릇은 누가 대신 고쳐 줄 수 있는 것이 아니기에 스스로 깨우치고 고치려고 노력하는 마음이 중요하답니다. 가슴에 거듭 새겨야 할 말이지요.

배워 볼까요

인 수 유 지 어 학
人雖有志於學,

사람이 배움에 뜻을 두었으면서도

이 불 능 용 왕 직 전   이 유 소 성 취 자
而不能勇往直前, 以有所成就者,

능히 용감하게 나아가고 곧바로 전진하여 성취하는 바가 있지 못한 것은

구 습 유 이 저 패 지 야
舊習有以沮敗之也.

옛날 습관이 가로 막고 실패하도록 만들기 때문이란다.

약 비 려 지 통 절   즉 종 무 위 학 지 지 의
若非勵志痛絶, 則終無爲學之地矣.

뜻을 기울여 '옛날의 나쁜 습관'을 과감하게 끊어버리지 않는다면,
끝내는 학문을 하는 바탕이 없게 될 것이다.

5. 나쁜 버릇은 어떻게 없애야 하나요?

* 목표를 세우고, 뜻을 굳세게 하고, 나쁜 꾐에 넘어가지 말아야 한단다.

나쁜 버릇은 세운 뜻을 약하게 하고, 행동도 의젓하지 못하게 한단다.

따라서 나쁜 버릇이 들게 되면 오늘 저지른 일을 다음날 고치기 어렵게 만들고, 아침에 잘못된 행동을 뉘우쳤다가도 저녁에는 다시 나쁜 버릇으로 돌아가게 만든단다.

그러므로 이러한 나쁜 버릇을 없애려면,

마음속으로 반드시 나쁜 버릇을 없애겠다는 굳은 뜻을 크게 일으켜 단칼에 그 뿌리를 깨끗이 잘라버리듯이 해야 하고, 마음에 조금이라도 남아 있으면 나쁜 버릇의 싹을 털끝만큼도 없도록 과감하게 끊어버려야 한단다.

그리고 늘 깊이 스스로를 돌아보고 반성하면서, 자신의 마음에 한 점이라도 옛날의 나쁜 버릇이 남아 있는지를 잘 살펴보아야 한단다.

혹여 조금이라도 그런 나쁜 버릇이 남아 있다면 이를 과감하게 없애야만 공부하는 목표를 이룰 수 있다는 것을 명심해야 한단다.

함께 생각해 볼까요

나쁜 버릇은 한번 익숙해지면 그것을 고치기가 매우 어렵습니다. 그런데 뜻밖에도 우리의 일상 생활에는 좋지 않은 버릇이나 나쁜 습관이 참으로 많다는 것을 쉽게 알 수 있습니다.

일찍 자고 일찍 일어나서 운동을 한다고 마음먹고도 아침에 늦잠을 자다가 허둥대지는 않았는지, 또 평소에 책상이나 주변을 어지럽혀서 갑자기 필요한 물건을 찾느라 헤매지 않았는지, 이러한 잘못된 나쁜 버릇은 하루아침에 생기는 것이 아니랍니다. 자신도 모르는 사이에 늘 편하고, 쉽고, 하고 싶은 것만을 찾다보면 자연히 몸에 배어서 이를 끊기가 매우 어려워지는 것입니다.

그래서 옛날 증자(曾子)[6]라는 분은 매일 세 가지 일을 반성했다고

---

6) 증자(曾子) : 중국 춘추시대의 유학자. 공자(孔子)의 뛰어난 제자로서, 공자가 제자들을 모아 놓고 '나의 도는 하나로써 일관한다'고 하자 다른 제자들은 그 말의 참뜻을 몰라 생각에 잠겼으나, 증자는 선뜻 '만인의 스승이 될 만한 사람의 도는 스스로 정성을 다하며 남의 사정을 헤아릴 줄 아는 것'이라고 대답하여 다른 제자들을 놀라게 하였다는 이야기로 유명하다. 증자의 사상은 공자를 계승하여 효(孝)와 신(信)을 근본으로 하여 맹자(孟子)에게 전해져 유교사상에 있어 중요한 위치를 차지한다.

하는데, **첫째는 남을 위해 일을 함에 있어 마음을 다하지 않았는지, 둘째는 벗들과 사귐에 있어 믿음을 잃은 일은 없었는지, 셋째는 가르쳐 받은 것을 복습하지 않았는지**를 반성하여 스스로 더욱 올바른 삶을 살아가려고 노력을 하였다고 전한답니다.

하루하루를 뒤돌아보고 반성하며 자신의 나쁜 버릇을 꼼꼼히 적어 놓고 올바르게 고치려는 노력과 과감하게 끊어내는 의지를 길러야 올바른 공부를 할 수 있다는 율곡 선생님의 소중한 가르침!

이것이 참 공부의 하나입니다.

배워 볼까요

차 습   사 인 지 불 견 고
此習, 使人志不堅固,
이러한 습성이 사람으로 하여금 뜻을 굳세지 못하게 하고

행 부 독 실
行不篤實,
행실을 두텁지 못하게 하며,

금 일 소 위   명 일 난 개
今日所爲, 明日難改,
오늘 하는 것을 내일은 고치기 어렵게 하고,

조 회 기 행 모 이 부 연
朝悔其行, 暮已復然.
아침에 그 행실을 뉘우쳤다가도 저녁에는 다시 그렇게 하도록 만든단다.

시 시   매 가 맹 성 지 공
時時, 每加猛省之功,
때때로 매번 크게 반성하는 공부를 더하여

사 차 심   무 일 점 구 염 지 오
使此心, 無一點舊染之汚.
이 마음으로 하여금 옛날에 물든 더러움을 한 점도 없게 해야 한다.

연 후   가 이 논 진 학 지 공 부 의
然後, 可以論進學之工夫矣.
그런 뒤에야 배움에 나아가는 공부를 말할 수 있을 것이란다.

몸가짐(태도)를 조심하여라 | 지신 持身

　예절에 맞지 않으면 보지 말고, 예절에 맞지 않으면 듣지 말며, 예절에 맞지 않으면 말하지 말고, 예절에 맞지 않으면 움직이지 말라.

　그리고 공부를 하는 것은 매일매일 해야 하는 일 가운데 하나인 것이다. 만약 평소에 생활할 때에 조심해서 생활하고, 신중하게 일을 처리하며, 남을 대할 때에도 정성을 다 했다면 이것을 가리켜 바로 공부를 했다고 말할 수 있는 것이란다.

　그리고 책을 읽는 것은 이러한 이치를 밝히고자 하는 것일 뿐이란다.

6. 어떤 몸가짐(태도)을 가져야 하나요?

* 먼저 자기 자신에게 진실되고 거짓 없는 마음과 믿음이 있어야 한단다.

공부하는 사람은 반드시 진실하고 정성스러운 마음으로 목표를 세워 나아가야 한단다. 주변의 일상적인 이런저런 일 때문에 자신이 세운 뜻이 흔들려서는 안 되며, 그래야만 공부함에 있어 그 기초를 이룰 수 있게 되는 것이란다.

이에 공자(孔子)[7]께서 말씀하시기를 몸가짐을 올바르게 하는 데 가장 중요한 것을 다음과 같이 말씀하셨단다.

"진실되고 거짓 없는 마음과 믿음으로 중심을 삼아야한다."

그리고 주자(朱子)[8]는 다음과 같이 풀이하여 말하였단다.

---

[7] 공자(孔子) : 기원전 552년부터 기원전 479년까지 살았던 중국 춘추시대의 사상가이다. 이름은 공구(孔丘)이며, 공자는 높여서 부르는 이름이다. 도덕적 이상 정치를 실현하기 위해 덕치주의 사상을 폈으며, 유교의 창시자로 알려져 있다. 그의 제자들이 공자의 언행을 기록한 책이 유명한 『논어』이다.

"사람이 진실되고 거짓 없는 마음과 믿음이 없으면 일에 모두 진실함이 없어서, 악한 일을 저지르기 쉽고 착한 일을 행하기는 어렵게 되는 것이다. 그러므로 반드시 이것으로써 중심을 삼아야 하는 것이다."

이에 반드시 '진실 되고 거짓 없는 마음과 믿음'을 중심으로 삼고, 굳센 마음으로 공부를 해야 이루고자 하는 바를 성취하게 된다고 하신 것이란다.

또, 주자의 제자인 황간(黃幹)은 다음과 같이 말씀하셨다.

"마음의 바탕을 진실하게 하고 뼈를 깎는 노력을 기울여 공부를 해야 한다."

이에 위의 두 말씀은 공부의 방법에 대하여 그 뜻을 다 표현하였다고 할 수 있단다.

따라서 공부에 힘쓰는 사람은, 언제나 일찍 일어나고 밤늦게 자며, 옷매무새는 반드시 바르게 해야 한단다. 그리고 얼굴빛을 의젓하게 하며, 두 손은 모으고 무릎 꿇고 단정하게 앉아야 한단다.

---

8) 주자(朱子) : 1130년부터 1200년까지 살았던 중국 송나라 때의 유학자로 이름은 주희(朱熹)이다. 주자는 높여서 부르는 이름이다. 유학을 새로운 학풍으로 집대성하였으며 그의 학문을 주자학이라고 불렀다. 특히 이러한 주자학은 고려 말에 안향(安珦)에 의하여 우리나라에 도입되어 점차 깊이 뿌리를 내려 조선 건국의 지도 이념으로서 절대적인 영향을 끼쳤다.

또한 걸음걸이를 편안하게 조용히 하며, 말을 신중히 하여 하나하나의 행동과 동작을 결코 가볍게 하거나 소홀히 하면 안 된단다.

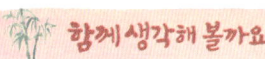

어린이 여러분은 공부를 할 때 어떤가요?

열심히 공부를 하겠다고 다짐해 놓고 이런저런 잡생각 때문에 정신이 산란해 무엇을 공부했는지 모를 때가 있고, 조금씩 미루다가 잠자리에 드는 경우가 있을 거예요. 그런데 시험 때 그렇게 되면 정말 난감하고 보통 답답한 것이 아니지요. 그런 경우 먼저 곰곰이 자신에게 스스로 한 약속이라고 소중하지 않게 여겼는지 생각해 보세요?

여기서 율곡 선생님이 '**진실되고 거짓 없는 마음과 믿음**'이란 자기 자신에게 더욱 진실하고 믿음을 가지라는 말입니다. 즉, 스스로 자기 자신에게 한 약속은 진실되게 지키고, 그것을 지킨다는 믿음이 있어야 공부의 바탕을 이룰 수 있다는 것입니다. 또한 그러한 마음의 바탕이 있어야 올바른 삶을 살 수 있다는 것이지요. 결국 자기 자신에게도 진실하지 못하고 믿음이 없다면 남들에게 자신의 거짓된 모습을 보이게 된다는 것입니다. 또 그러한 것이 쌓이게 되면 좋지 않은 길로 나아가게 하는 원인이 되기도 한다는 것이지요.

그리고 '**하나를 보면 열을 안다**'는 말이 있습니다. 즉, 그 사람의 말이나 태도를 보면 그 사람이 진실된 사람인지 아닌지를 알 수 있다는 말과도 통하는 얘기이지요.

  몸가짐이나 태도가 흐트러지면 나타나는 행동 또한 거칠고 사납고 제멋대로 하게 되는 경우가 많아요. 마음속에 진실되고 거짓 없는 마음과 믿음을 가지고 올바르게 생활하는 것은 매사 성실하게 처신한다는 것입니다. 즉, 이러한 태도가 평소 몸에 배지 않으면 아무리 공부를 열심히 하려 해도 마음이 흔들려 잘 안 된다는 것을 가슴에 새기시길 바랍니다.

배워 볼까요

학 자 필 성 심 향 도
學者, 必誠心向道,
배우는 자는 반드시 정성스러운 마음으로 도(道)를 향하여

불 이 세 속 잡 사 난 기 지
不以世俗雜事, 亂其志,
세상의 잡된 일 때문에 그 뜻을 어지럽게 해서는 안 되니

연 후 위 학 유 기 지
然後, 爲學有基址.
그런 뒤에야 배움에 기초가 있게 된단다.

<small>고 부자왈주충신</small>
故, 夫子曰主忠信.

그러므로 부자(공자)가 "충(忠, 진실됨)과 신(信, 믿음)을 위주로 한다."
하셨단다.

<small>필이충신위주 이용하공부</small>
必以忠信爲主, 而勇下工夫,

반드시 '충'과 '신'을 위주로 하여 용기 있게 공부를 해야 하니

<small>연후 능유소성취</small>
然後, 能有所成就.

그런 뒤에야 능히 성취하는 것이 있게 된단다.

7. 몸가짐을 조심하려면 어떻게 해야 하나요?

* 아홉 가지 모양과 아홉 가지 생각이 중요하단다.

몸과 마음을 다잡아 지키고 가다듬는 데에는 '아홉 가지 모양(자세)', 즉 구용(九容)이 중요하고, 학문을 통하여 지혜를 밝혀 보태는 데에는 '아홉 가지 생각', 즉 구사(九思)만큼 중요한 것이 없으니, 다음과 같단다.

아홉 가지 모양(자세), 즉 구용(九容)이란?

첫째는, 발걸음을 무겁게 하는 것이니, 이는 가볍게 거동하지 않는 것을 말하는 것인데 어른 앞에서 종종걸음을 하는 것은 이와는 상관이 없단다.
둘째는, 손 모양을 공손히 하는 것이니, 손을 함부로 움직이지 않는 것이다. 일이 없을 때에는 단정히 손을 모으고 함부로 움직이지 말아야 한단다.
셋째는, 눈을 똑바로 하는 것이니, 눈동자를 고정하여 시선을 바르게 해야 할 것이요, 흘겨보거나 훔쳐 보아서는 안 된단다.

넷째는, 입을 함부로 움직이지 않는 것이니, 말을 하거나 음식을 먹을 때가 아니면 입을 항상 움직이지 말아야 한단다.

다섯째는, 목소리를 조용히 하는 것이니, 마땅히 외모와 기운을 가다듬어 구역질을 하거나 트림을 하는 따위의 잡소리를 내서는 안 된단다.

여섯째는, 머리를 곧게 하는 것이니, 머리를 바르게 하고 몸을 곧게 해야 하며 뒤틀거나 삐딱하게 해서는 안 된단다.

일곱째는, 숨쉬는 것을 안정되고 조용히 하는 것이니, 호흡을 고르게 할 것이요, 소리가 나게 해서는 안 된단다.

여덟째는, 서 있는 자세를 의젓하게 하는 것이니, 똑바로 서고 한쪽으로 비딱하지 않도록 하여 꿋꿋하고 의젓한 기상이 있어야 한단다.

아홉째는, 얼굴빛을 단정하게 하는 것이니, 게으르고 나태한 기색이 없도록 해야 한단다.

또, 아홉 가지 생각 즉, 구사(九思)란?

첫째는, 볼 때는 분명하게 보아야겠다는 것을 생각하는 것이니, 사물을 볼 때 가려진 것이 없으면 분명하게 보지 못하는 것이 없단다.

둘째는, 들을 때는 분명하게 들어야겠다는 것을 생각하는 것이니, 들을 때 막힌 것이 없으면 귀가 밝아서 분명하게 듣지 못하는 것이 없단다.

셋째는, 얼굴빛은 온화하게 해야겠다는 것을 생각하는 것이니, 얼굴빛을 온화하게 하고 부드럽게 하여 화를 내거나 성난 기색이 없게 해야 한단다.

넷째는, 태도는 공손하게 해야겠다는 것을 생각하는 것이니, 자신의 태도를 단정하고 씩씩하게 해야 한단다.

다섯째는, 말은 믿음직스럽게 해야겠다는 것을 생각하는 것이니, 한마디 말이라도 진실하고 믿음직스럽게 해야 한단다.

여섯째는, 일은 신중하게 해야겠다는 것을 생각하는 것이니, 한 가지 일을 하더라도 신중하고 조심스럽게 해야 한단다.

일곱째는, 의심스러운 것은 물어보고 완전히 알아야겠다는 것을 생각하는 것이니, 마음속에 의심스러운 것이 있으면 반드시 먼저 깨우친 사람에게 나아가 자세히 물어서 반드시 알고 넘어가야 한단다.

여덟째는, 억울하고 화가 날 때에는 어려움이 있을 것을 생각한다는 것이니, 화가 나더라도 반드시 감정을 억누르고 이치를 따져서 스스로 이겨내야 한단다.

아홉째는, 얻는 것이 있을 때 그것이 옳은 것인가를 생각해야겠다는 것이니, 재물을 얻을 때는 반드시 옳고 그른지를 밝혀, 옳은 것에 합당해야만 이를 가져야 하는 것이란다.

따라서 공부하는 사람은 항상 이러한 '아홉 가지 모양(자세)'과 '아홉 가지 생각'을 마음속에 두고서 잠시라도 잊지 않아야 할 것이요, 또 이것을 앉는 자리 한 쪽에 써서 붙여 두고 때때로 눈으로 읽어서 가슴에 새겨야 한단다.

함께 생각해 볼까요

어린이 여러분!

율곡 선생님께서는 배움을 처음 시작하는 사람들이 어떻게 해야 하는지를 잘 모르기 때문에 올바른 방법을 말씀해 주시기 위해서 『격몽요결』을 지으신 것이랍니다. 이에 율곡 선생님께서는 공부하는 사람이 어떤 태도와 생각을 가지고 있어야 하는지를 각각 아홉 가지를 말씀하시며 꼭 집어 강조하셨어요. 왜 그러셨을까요?

먼저 공부를 한다는 것은 많은 지식을 쌓는 것도 중요하지만, 더 중요한 것은 올바른 사람으로서 더불어 살아가기 위해 자신의 인격을 닦는 것이라고 할 수 있어요. 그런데 우리는 공부를 함에 있어 올바르지 못한 태도나 생각에 많이 젖어 있는 것을 알 수 있어요. 책상에서 공부를 하다가도 힘들면 앉아서 하고, 그러다 이내 누워버리고 잠들기도 해요. 눈은 책을 보면서 손은 한없이 딴짓을 하기도 하고, 어떤 친구는 음악을 들으며 하기도 하지요. 더구나 정확히 알지도 못하면서 대충 넘어가기도 해요. 모르는 것이 있으면 알려고 노력하거나 선생님이나, 부모님, 친구에게 물어보아야 하는데 귀찮고 창피하다며 그냥 덮기도 하지요. 공부는 집중을 해야 잘 된다고 하는데 딴 생각을 하면서 대충 보고 들으니까 머리에 들어오지는 않고 짜증만 나게 됩니다. 이것은 우리 생활에서 흔히 볼 수 있는 공부에 있어서 옳지 못한 태도와 생각입니다.

바른 태도와 바른 생각은 공부에 있어서 튼튼한 기초와 같습니다.

평소 몸가짐을 바로 하고 올바르게 생각해야 잡념을 없앨 수 있답니다. 그래야 사람으로서 옳은 도리를 배우는 참 공부로 이어져 존경받는 사람으로 성장할 수 있다는 것을 가슴에 새기시길 바랍니다.

배워 볼까요

수렴신심 막절어구용
收斂身心, 莫切於九容,
몸과 마음을 가다듬는 데에는 '아홉 가지 모양(자세)'보다 절실한 것이 없고,

진학익지 막절어구사
進學益智, 莫切於九思.
학문에 나아가 지혜를 더하는 데에는 '아홉 가지 생각'보다 절실한 것이 없단다.

소위구용자
所謂九容者,
'아홉 가지 모양'이라는 것은,

족용중
足容重,
발 모양을 무겁게 하는 것이요,

수용공
手容恭,
손 모양을 공손히 하는 것이요,

목용단
目容端,
눈 모양을 단정히 하는 것이요,

구용지
口容止,
입 모양을 그쳐서 (말을 신중히) 하는 것이요,

성용정
聲容靜,
목소리 모양을 조용히 하는 것이요,

두용직
頭容直,
머리 모양을 곧게 하는 것이요,

기용숙
氣容肅,
숨쉬는 모양을 엄숙하게 하는 것이요,

입용덕
立容德,

서 있는 모양을 덕스럽게 하는 것이요,

색 용 장
色容莊.
얼굴 모양을 묵직하게 하는 것이란다.

소 위 구 사 자
所謂九思者,
'아홉 가지 생각'이라는 것은,

시 사 명
視思明,
볼 때는 밝게 볼 것을 생각하는 것이요,

청 사 총
聽思聰,
들을 때는 밝게 들을 것을 생각하는 것이요,

색 사 온
色思溫,
얼굴빛은 온화하게 할 것을 생각하는 것이요,

모 사 공
貌思恭,
용모는 공손하게 할 것을 생각하는 것이요,

언 사 충
言思忠,
말은 진실 되게 할 것을 생각하는 것이요,

사 사 경
事思敬,
일은 공경스럽게 할 것을 생각하는 것이요,

의 사 문
疑思問,
의심스러운 것은 물을 것을 생각하는 것이요,

분 사 난
忿思難,
분할 때에는 어려움을 당하게 될 것을 생각하는 것이요,

견 득 사 의
見得思義.
얻는 것을 보면 의리를 생각하는 것이란다.

8. 공부함에 있어 무엇을 수양해야 하나요?

* 오직 예절에 맞게 행동하는 것이란다.

공부하는 사람은 자신의 몸을 수양하는데 있어서 가장 중요한 네 가지를 간직하며 실천해야 한단다.

예절에 맞지 않으면 보지 말고,
예절에 맞지 않으면 듣지 말며,
예절에 맞지 않으면 말하지 말고,
예절에 맞지 않으면 움직이지 말라.

처음 공부하는 사람이 어떤 것이 예절에 맞는 것인지, 맞지 않은 것인지를 판단하기가 쉽지 않겠지만, 반드시 이치를 깊이 생각하여 알아내야 한단다. 그리고 그렇게 해서 알게 된 것을 힘써 실천한다면 깨달은 바가 이미 많은 것이란다.

그러면 이제 공부를 한다는 것은 어떤 것인가?

먼저 공부를 하는 것은 매일매일 해야 하는 일 가운데 하나인 것이다. 만약 평소에 생활할 때에 조심해서 생활하고, 신중하게 일을 처리하며, 남을 대할 때에도 정성을 다 했다면 이것을 가리켜 바로 공부를 했다고 말할 수 있는 것이란다.

그리고 책을 읽는 것은 이러한 이치를 밝히고자 하는 것일 뿐이란다.

그러므로 공부하는 사람은 옷가지를 화려하게 하거나 사치스럽게 하지 않고 추위를 막으면 되는 것이요, 음식은 달고 맛있는 것을 원하지 않고 굶주리지 않으면 되는 것이요, 거처는 편안하고 큰 것을 욕심내지 않고 병나지 않게만 하면 되는 것이란다.

오직 공부에 힘쓰고 노력하며, 올바른 마음 씀씀이와 의젓한 태도를 갖추려 날마다 힘써야 하기에 스스로 '이 정도면 되겠지' 하는 생각을 갖지 말아야 한단다.

함께 생각해 볼까요

율곡 선생님께서는 공부를 함에 있어 먼저 자신의 몸과 마음을 닦아야 한다고 하셨어요. 그것은 항상 예절에 맞는 생활 습관을 가져야 한다는 것인데 **'벼는 익을수록 고개를 숙인다'**는 말이 있듯이 공부하는 사람에게 예절이 없으면 공부를 해도 소용이 없다는 뜻이기도 합니다.

우리는 나를 중심으로 가족, 친척, 친구, 이웃, 학교, 동네, 도시, 국가 등 다양한 공동체를 이루고 그 일원으로 살아갑니다. 사람들과 더불어 살아가는 데에는 기본적으로 그 사회가 요구하는 바람직한 예절, 즉 약속된 행동 규범이 있게 마련입니다. 그런데 그러한 예절이나 규범, 법에 어긋나게 행동하며 살아간다면 아무리 지식이 많은 사람이라고 해도 함께 살아갈 수가 없는 것이지요.

　아는 것이 많아도 올바른 예절을 배우지 못해 그 지식을 옳지 못한 곳에 사용하는 사람이라면 참된 공부를 한 것이 아닙니다. 조금은 부족하거나 당장은 손해를 보더라도 충분히 참고 이겨내는 인내와 의지가 없다면 공부 또한 잘 될 리가 없습니다. 공부란 그러한 인내와 의지를 가르쳐주는 것인데 그것을 불편해 한다면 금방 지루해하고 지겨워하면서 이내 포기하고 말 것이기 때문입니다.

　결국 공부는 매일 매일 평생을 해도 배울 것이 있다는 의미와 함께 예절에 맞는 몸가짐과 바른 생활 태도를 강조하신 율곡 선생님의 깊은 뜻이 어디에 있는지 생각해보고 가슴에 새기시기 바랍니다.

배워 볼까요

비 례 물 시
非禮勿視,
예가 아니면 보지 말고,

비 례 물 청
非禮勿聽,

예가 아니면 듣지 말고,

비 례 물 언
非禮勿言,

예가 아니면 말하지 말고,

비 례 물 동
非禮勿動.

예가 아니면 움직이지 말아야 한단다.

사 자   수 신 지 요 야
四者, 修身之要也.

네 가지는 몸을 닦는 요점이란다.

예 여 비 례   초 학 난 변
禮與非禮, 初學難辨.

예에 맞는가, 예에 맞지 않는가를 처음 배우는 이가 판단하기 어려우니,

필 수 궁 리 이 명 지
必須窮理而明之.

반드시 이치를 잘 헤아려 밝혀야 한단다.

단어이지처　역행지　즉사과반 의
但於已知處, 力行之, 則思過半矣.
이미 아는 것에 대해서만이라도 힘써 행한다면 생각하여 '얻는 것'이 반을 넘을 것이란다.

위 학　재 어 일 용 행 사 지 간
爲學, 在於日用行事之間,
학문이란 날마다 행하는 일 사이에 있단다.

약 어 평 거
若於平居,
평소 생활할 때

거 처 공
居處恭,
거처하기를 공손히 하고,

집 사 경
執事敬,
일을 돌보기를 공경히 하며,

여 인 충
與人忠,
다른 사람들과 더불어 성실히 한다면,

8. 공부함에 있어 무엇을 수양해야 하나요?

즉 시 명 위 학
則是名爲學.

이것을 이름하여 학문이라 하는 것이란다.

독 서 자   욕 명 차 리 이 이
讀書者, 欲明此理而已.

책을 읽는 것은 이러한 이치를 밝히고자 하는 것일 뿐이란다.

9. 공부함에 있어 어떤 마음을 가져야 하나요?

* 스스로를 이기는 '극기(克己)의 공부'가 중요하단다.

 자신을 이길 줄 아는 '극기(克己) 공부'가 일상 생활에서 가장 필요한 것이란다.
 그러면 여기서 기(己)란 무엇인가?
 '기'라는 것은 '마음속으로는 좋아해서 하고 싶지만 올바른 도리와는 맞지 않는 것'을 말한단다. 따라서 반드시 내 마음이 어떠한가를 살펴야 한단다.

 이익을 좋아하는가?
 명예를 좋아하는가?
 벼슬하기를 좋아하는가?
 편안하게 지내기를 좋아하는가?
 잔치하고 즐기기를 좋아하는가?
 진귀한 보배를 좋아하는가?

 하지만 이렇게 온갖 좋아하는 것들이 만일 올바른 이치에 맞지 않으면 모두 단호하게 끊어버려야 한단다. 그리고 마음속에 조금이라도 그 싹과 줄기를 남겨두지 말아야 한단다.

그래야만 내 마음으로 좋아하는 것이 비로소 올바른 도리에도 맞게 되어서 마음속에 공부를 방해하는 사사로운 욕심이 없게 되는 것이란다.

즉, 공부하는 사람은 한결같이 올바른 도리를 향해 나아가야지 외부의 다른 일에 마음을 빼앗겨서는 안 된단다.

함께 생각해 볼까요

우리는 매일 수많은 유혹을 접하며 살아가고 있습니다.

우리 어린이 여러분도 마찬가지입니다. 장난치고 싶은 마음, 더 놀고 싶은 마음, 더 많이 먹고 싶은 마음, 컴퓨터 게임을 한없이 하고 싶은 마음 등등. 사실 사람들은 누구나 좋은 것을 먹고, 입기를 원하고, 편한 곳에서 살기 원하며, 즐겁게 놀고, 높은 위치에 오르는 것을 원합니다. 그래서 사람들은 열심히 공부하고 노력하며 일을 합니다. 그런데 여기서 율곡 선생님께서는 공부하는 사람에게 있어서 중요한 것은 지금 자신이 원하는 것이 자신의 몸을 건강하게 하고 마음을 굳세게 하는 데 도움이 되는 일인지, 아닌지를 잘 생각해 보라고 하셨습니다.

즉, 공부하는 사람에게 있어서 **'마음속으로는 좋아해서 하고 싶지만 올바른 도리와는 맞지 않는 유혹'**은 아무리 작은 것이라도 공부에 방해되는 것들이기 때문에 과감히 끊어야 한다는 것입니다. 공부를 처음 시작하거나 지속적으로 계속 공부하는 사람에게 있어서 가장 중요한 일은 역시 자신을 잘 통제하는 것입니다. 마음속에 사사로운 유혹을 이겨내지 못하면 자신의 원대한 꿈을 이루기 위한 소중한 공부를 계속 할 수 없습니다. 유혹이란 한번 빠지게 되면 계속 더하고 싶게 되는데 컴퓨터 게임을 생각하면 금방 알 수 있습니다. **'인내는 쓰다. 그러나 그 열매는 달다'** 는 말이 있듯이 공부하는 사람으로서 공부에 방해되는 유혹을 스스로 이겨낼 때 진정한 공부를 할 수 있는 것입니다.

스스로 자신을 잘 통제할 수 있는 사람이야말로 어려움을 잘 극복하고 훌륭한 사람이 될 수 있다는 것을 가슴에 새기시길 바랍니다.

배워 볼까요

극 기 공 부 최 절 어 일 용
克己工夫, 最切於日用,
'자기를 이기는' 극기의 공부가 일상 생활에서 가장 절실하니,

소 위 기 자 오 심 소 호 불 합 천 리 지 위 야
所謂己者, 吾心所好, 不合天理之謂也.
'기(己)'라는 것은 내 마음에 좋아하는 바가 하늘의 이치에 부합하지 않음을 말하는 것이란다.

범 백 소 호   약 불 합 리
凡百所好, 若不合理,
여러 가지 좋아하는 것이 이치에 부합하지 않거든,

즉 일 체 통 단   불 류 묘 맥
則一切痛斷, 不留苗脈.
곧 하나같이 과감하게 끊어버려서 싹과 줄기를 남겨두지 않아야 한단다.

연 후   오 심 소 호   시 재 어 의 리   이 무 기 가 극 의
然後, 吾心所好, 始在於義理, 而無己可克矣.
그런 뒤에야 내 마음의 좋아하는 것이 비로소 의리에 있게 되어 이겨내야 할 사욕이 없게 될 것이란다.

10. 공부에 해로운 것은 무엇인가요?

✽ 쓸데없는 생각과 나쁜 마음이 해롭단다.

말을 많이 하는 것과 쓸데없는 생각을 많이 하는 것이 마음을 수양하는 데 가장 해롭단다. 일이 없으면 마땅히 고요히 앉아 마음을 가다듬고 다른 사람을 만나더라도 마땅히 말을 가려서 간략하고 신중하게 하여야 한단다.

따라서 일이 있을 때에는 사리를 따져서 일을 처리할 것이요, 책을 읽을 때에도 정성을 다해서 이치를 깊이 연구하여야 한단다.

이 두 가지를 제외하고는 조용히 앉아서 마음을 가다듬고, 평온한 가운데 어지럽게 일어나는 잡념이 없게 할 것이다. 또한 정신을 바짝 차려서 고요한 가운데 마음이 어두워지는 어리석은 실수가 없게 하여야 할 것이니, 이른바 '삼가고 조심함으로써 마음속을 바르게 한다'는 것이 이와 같은 것이란다.

따라서 혼자 있을 때에도 몸과 마음을 바르게 하여 겉과 속이 똑같아야 한단다. 홀로 깊숙한 곳에 있더라도 훤히 드러난 곳에 있는 것처럼 할 것이요, 혼자 있더라도 여러 사람들과 함께 있는 것처럼 하여야 한단다. 그래서 그런 마음으로 하여금 사람들이 푸른 하늘의 밝은 해를 모두 보는 것처럼 맑게 하여야 한단다.

그리고는 옳지 못한 일은 하나같이 마음에 두지 말고, '한 가지라도 의롭지 못한 일은 행하지 않을 것이며, 죄 없는 한 사람을 희생시켜 비록 천하를 얻을 수 있다고 하더라도 옳지 않으면 나는 절대로 하지 않겠다'는 생각을 늘 가슴속에 품고 있어야 한단다.

함께 생각해 볼까요

율곡 선생님은 쓸데없는 생각과 올바르지 못한 마음이야말로 공부를 방해하고 올바른 생활을 실천하는 데 가장 나쁘다고 말씀하셨어요. 또한 필요하지도 않은 말을 함부로 하는 것도 매우 좋지 않다고 하셨지요. 함부로 말을 많이 하거나 쓸데없이 말을 많이 하게 되면 어떤 결과가 일어날까요?

'한번 뱉은 말은 주워 담을 수 없다'는 말을 들어보았을 것입니다. 즉, 말을 하게 되면 그 말에 책임을 져야한다는 뜻이지요. 정확히 알지도 못하고 따져보지도 못한 상태에서 함부로 말을 하면 쓸데없이 책임질 일만 만들게 됩니다. 그러니 괜한 말로 이리저리 시간을 없애게 되고 공부에 마음을 두지도 못하게 되는 것입니다.

또 혼자 있을 때에도 남들과 함께 있는 것처럼 행동하라고 말씀하셨어요.

'겉과 속이 다르다'는 말이 있듯이 이런 사람은 다른 사람들과 있을 때에는 조심하다가도 혼자 있을 때에는 함부로 행동하는 사람이기에 믿음이 없는 사람입니다. 결국 이런 사람은 남을 위하는 체만 하고 자기 이익만 얻으려는 사람인데 진정으로 올바른 공부를 하려는 사람이라면 절대 이렇게 해서는 안 됩니다. 아마 이 세상에 남에게 해나 끼치려고 공부를 하는 사람이 없을 테니까요.

공부하는 사람에게 중요한 것은 쓸데없는 말이나 잡념을 없애고, 올바른 생각으로 꾸준히 공부하는 마음이랍니다.

율곡 선생님의 소중한 가르침입니다.

배워 볼까요

유사 즉이리응사
有事, 則以理應事,
일이 있으면 이치로써 일을 처리하고,

독서 즉이성궁리
讀書, 則以誠窮理,
책을 읽을 때에는 정성으로써 이치를 궁구할 것이니,

제이자외 정좌수렴차심
除二者外, 靜坐收斂此心,
이 두 가지를 제외하고는 조용히 앉아 마음을 가다듬어서,

사 적 적 무 분 기 지 념
使寂寂無紛起之念,
고요하고 고요하여 어지럽게 일어나는 잡념을 없게 하여,

성 성 무 혼 매 지 실 가야
惺惺無昏昧之失, 可也.
밝고 밝아 어둡고 어리석은 실수가 없게 해야만 한단다.

소 위 경 이 직 내 자 여 차
所謂敬以直內者, 如此.
'공경함으로 마음을 바르게 한다'는 것이 이와 같은 것이란다.

11. 평생 힘써야 할 것은 무엇인가요?

* 조심하는 마음, 도리에 맞게 깊이 연구하고, 진실을 실천하는 것이란다.

우리가 공부하면서 평생 힘써야 할 것은,
삼가고 조심하는 마음으로 생활함으로써 근본을 세울 것이요,
도리에 맞는지를 깊이 연구함으로써 올바름을 밝힐 것이며,
힘을 다하여 노력함으로써 그 진실을 실천한다는 것이니,
이 세 가지는 죽을 때까지 힘써야 할 일이란다.

또, '사악한 생각을 갖지 않고, 매사에 공경을 다함'이라는 이 두 글귀를 평생토록 마음속에 새겨두고서 실천해야 할 것이니, 마땅히 벽에 써서 붙여두고 잠깐 동안이라도 잊어버려서는 안 된단다.
그리고 날마다 그런 마음을 잘 간직하지 않았는지, 배움에 나아가지 않았는지, 행실을 옳게 힘쓰지 않았는지를 스스로 생각하고 반성해서 하나라도 그렇지 못한 것이 있거든 고칠 것이요, 없으면 더 부지런히 하여 힘쓰고 힘써서 게을리 하지 않고 죽을 때까지 실천해야 한단다.

함께 생각해 볼까요

율곡 선생님께서 공부하는 사람이 평생 힘써야 할 것이 무엇인가를 말씀하신 글이랍니다.

배운 것을 머릿속으로 외우기만 할 뿐 생활 속에서 실천하지 않는다면 훌륭한 사람이라고 할 수 없을 것입니다. 또 배운 지식을 더 깊이 생각해서 스스로 그 이치를 깨닫지 못한다면 배움이 깊어지지 않는 것은 당연하겠지요.

어린이 여러분.

여러분들이 학교에서 공부를 하는 것은 살아가는 데 필요한 여러 가지 지식과 슬기를 배우는 과정이랍니다. 그런데 더 많은 산지식을 얻기 위해서는 학교나 책에서 배우는 것을 생활 속에서 실천하려는 노력을 게을리 하면 안 된답니다.

학교에서 선생님께서 규칙적인 공부, 검소한 생활 습관, 친구와 사이좋게 지내는 일, 부모님이나 웃어른에게 공손하게 대하는 태도 등을 말씀하실 거예요. 그런데 이러한 것들을 하나도 지키지 않는다면 어떨까요. 도리에 어긋나지 않게 생활하는 것을 배웠는데 그렇게 생활하지 않는다면 공부하는 의미가 있을까요?

흔히 **'모르고 한 잘못보다 알고 한 잘못이 더욱 크다'**는 말이 있답니다. 분명히 잘못된 것이라는 것을 알면서도 하게 되는 것은 이겨내려는 의지가 약하고 평소 배운 것을 실천하지 않았기 때문입니다.

매사 조심하면서 올바르게 행동하고 공부에 게으르지 않았는지 하루하루 반성하면서 잘못을 고쳐나가는 것이야말로 공부하는 사람이 평생 간직해야 할 소중한 자세랍니다.

배워 볼까요

거경 이립근본
居敬, 以立根本,
공경함으로 거처하여 근본을 세울 것이요,

궁리 이명호선
窮理, 以明乎善,
이치를 궁구하여 선을 밝힐 것이요,

역행 이천기실
力行, 以踐其實.
힘써 행하여 그 실제를 실천해야 한단다.

삼자 종신사업야
三者, 終身事業也.
세 가지는 죽을 때까지 해야 할 일이란다.

독서에 힘써라 | 독서 讀書

    입으로만 책을 읽을 뿐 마음에 새기지 않고 몸으로 실천하지 않는다면, 책은 책일 뿐이고 나는 나일 뿐이니 책을 읽는 것이 무슨 도움이 되겠느냐?

    책을 읽을 때에는 한 책을 되풀이해서 익숙해질 때까지 읽어야 그 속에 담긴 뜻을 다 깨달아 환하게 알 수 있게 되는 것이란다.

    따라서 책을 읽을 때에는 의심나는 점이 없어진 뒤에라야 다른 책을 읽을 것이며, 많이 읽기를 탐하느라 이 책 저 책 바삐 바꾸어 읽지 말아야 한단다.

12. 왜 책을 읽어야 하나요?

※ 근본을 알아 올바른 도리를 실천하기 위해서란다.

배우는 사람은 늘 스스로 다짐한 마음을 잘 지켜서 나쁜 꾐에 넘어가지 않아야 한단다.

그리고 어떤 일이든 반드시 도리에 맞는지를 깊이 생각해서 착한 것을 밝힌 뒤에야 마땅히 행해야 할 올바른 도리를 환하게 알게 되는데, 그래야만 더욱 발전을 할 수 있게 되는 것이란다.

그러므로 올바른 도리를 알고 실천하기 위해서는 우선 근본을 알아야 하는데, 그렇게 하기 위해서는 책을 읽어야 한단다.

책을 읽어야만 옛날의 훌륭한 성인들이 어떤 것에 마음을 썼는지 알 수 있으니, 착한 일을 본받고 악한 것을 분별할 수 있는데 이 모든 것이 책에 쓰여 있기 때문이란다.

함께 생각해 볼까요

어린이 여러분은 책을 왜 읽나요?

아마 요즘은 선생님이나 부모님 모두 여러분이 많은 책을 읽기를 바라고, 좋은 책이 많이 출간되기에 다양한 여러 책을 접할 수 있을 것입니다. 재미 있어서 읽기도 하고, 필요한 것을 알기 위해서도 읽고, 어떤 친구는 공룡에 관한 책을 너무도 좋아해서 서점에 가면 아예 바닥에 앉아서 정신없이 보기도 해요. 이렇게 책을 읽는 이유는 나름대로 다양합니다.

그런데 율곡 선생님께서는 뭐라고 하셨나요?

사람은 근본을 알아 올바른 도리를 실천하기 위해서 책을 읽어야 한다고 하셨지요. 책은 우리가 살아가는 데 필요한 다양한 지식은 물론이고, 좋은 것은 어떤 것이고 나쁜 것은 어떤 것인지를 알려준답니다. 그래서 우리는 책을 읽으며 다양한 간접 경험을 하면서 자신은 어떻게 마음먹고, 행동하며 살아갈지를 마음속으로 다짐을 하곤 한답니다.

'사람은 책을 만들고, 책은 사람을 만든다' 는 말이 있습니다.

한 권의 책이 우리의 인생을 바꿀 수 있다는 것은 바로 우리가 어떻게 살아가야 할지 그 근본을 알려주기 때문입니다.

책이 여러분의 좋은 친구가 되기를 간절히 원하는 율곡 선생님의 마음을 느끼시길 바랍니다.

배워 볼까요

학자　필수궁리명선
學者, 必須窮理明善,
배우는 자는, 반드시 이치를 궁구하여 선을 밝혀야 할 것이니,

연후　당행지도　효연재전　가이진보
然後, 當行之道, 曉然在前, 可以進步.
그런 뒤에야 마땅히 행해야 할 도리가 눈앞에 있는 듯 분명하여 앞으로 나아갈 수가 있는 것이란다.

고입도　막선어궁리
故入道, 莫先於窮理,
그러므로 도(道)에 들어감에는 이치를 깊이 연구하는 것보다 먼저 할 것이 없으며,

궁리　막선어독서
窮理, 莫先於讀書.
이치를 깊이 연구함에는 책을 읽는 것보다 먼저 할 것이 없단다.

이성현용심지적
以聖賢用心之迹,
성현이 마음을 쓴 자취와

급 선 악 지 가 효 가 계 자
及善惡之可效可戒者,
선과 악 가운데 본받고 경계해야 할 것이

개 재 어 서 고 야
皆在於書故也.
모두 책에 있기 때문이란다.

13. 책을 읽을 때에는 어떻게 해야 하나요?

* 마음을 집중해서 하나하나 분명히 알고 넘어가야 한단다.

책을 읽는 사람은 반드시 단정히 손을 모으고 바른 자세로 앉아서 책을 마주 대하여야 한단다.

그런 다음에 마음과 뜻을 하나로 모아 되풀이해서 읽으며 그 뜻을 깊이 헤아려보고 글귀마다 반드시 실천할 방법을 생각해야 한단다.

입으로만 책을 읽을 뿐 마음에 새기지 않고 몸으로 실천하지도 않는다면, 책은 책일 뿐이고 나는 나일 뿐이니 책을 읽는 것이 무슨 도움이 되겠느냐?

책을 읽을 때에는 한 책을 되풀이해서 익숙해질 때까지 읽어야 그 속에 담긴 뜻을 다 깨달아 환하게 알 수 있게 되는 것이란다.

따라서 책을 읽을 때에는 의심나는 점이 없어진 뒤에라야 다른 책을 읽을 것이며, 많이 읽기를 탐하느라 이 책 저 책 바삐 바꾸어 읽지 말아야 한단다.

함께 생각해 볼까요

　책을 읽는 습관은 무엇과도 바꿀 수 없는 아주 중요한 것인데 더욱 중요한 것은 책을 어떻게 읽는가 하는 것이랍니다.

　먼저 율곡 선생님께서는 책을 읽을 때에 올바른 자세가 매우 중요하다고 하셨어요. 이것은 책을 대충 보지 말고 정성껏 자세하고 명확하게 읽어야 한다는 말씀이기도 합니다. 예를 들어 정성껏 읽은 책은 대충 읽은 책과 달리 깊은 감동과 지혜를 주기 때문입니다.

　어떤 친구는 한 권의 책 속에서 많은 지식은 물론 살아가는 데 필요한 소중한 지침을 얻는가 하면, 어떤 친구는 읽기는 읽었는데 그 책이 무엇을 말하는지 파악도 하지 못하고 왜 읽었는지도 모르는 경우가 있습니다. 나중에 보면 대충 읽었다는 것을 알 수 있는데 스스로 읽은 것이 아니라 시켜서 마지못해 읽었다는 것을 알 수 있어요. 누구나 한 번쯤 갖고 있는 경험이기도 합니다.

　책을 읽는 것과 공부를 하는 것은 근본적으로 다른 것이 없습니다. 새로운 지식은 물론 다양한 이치와 도리를 깨닫게 되는 것은 마찬가지이니까요. 그런데 공부도 독서도 대충하게 되면 아무런 유익함이 없답니다.

　'**책 속에 길이 있다**'는 말은 단정한 자세로, 마음을 집중하여, 뜻을 분명히 파악하고, 필요하다면 몇 번이고 되풀이해서 읽을 때 비로소 얻을 수 있는 것입니다.

　이것이 바로 책을 읽는 올바른 마음가짐이자 공부하는 사람의 올바른 태도입니다.

범 독 서　필 숙 독 일 책
凡讀書, 必熟讀一册,
책을 읽을 때에는, 반드시 한 책을 익숙하게 읽어서

진 효 의 취　관 통 무 의
盡曉義趣, 貫通無疑,
그 속에 담긴 뜻을 다 분명하게 알아 꿰뚫어 통달하고 의심이 없어야 할 것이니,

연 후　내 개 독 타 서
然後, 乃改讀他書,
그런 뒤에야, 다른 책으로 바꾸어 읽을 것이며,

불 가 탐 다 무 득　망 박 섭 렵 야
不可貪多務得, 忙迫涉獵也.
많이 읽기를 탐하고 얻기를 힘써서 바삐 이 책 저 책 섭렵하지 말아야 한단다.

약 구 독　이 심 불 체　신 불 행
若口讀, 而心不體, 身不行,

입으로만 읽고 마음으로 본받지 않으며 몸으로 실행하지 않는다면,

즉 서 자 서   아 자 아   하 익 지 유
則書自書, 我自我, 何益之有.
책은 책이요, 나는 나일 뿐이니, 어떤 유익함이 있겠는가?

2. 효도와 예절, 처세의 장

사람으로서 가장 중요한 도리 중에 으뜸은 바로 부모님께 효도하는 것이랍니다.

아무리 학식이 뛰어나고 세상에 이름이 난 사람이라도 부모님께 불효를 한다면, 훌륭한 사람이라고 할 수 없답니다.

살아 계실 때에는 효도를 다하고, 돌아가신 뒤에는 살아계신 듯 정성을 다하며, 집안을 잘 이끌고, 다른 사람들과 잘 지내며, 슬기롭게 처신한다는 것은 함께 살아가는 사람들과 조화롭게 어울리며 살아간다는 뜻이기도 합니다. 함께 어울리며 즐겁게 살아가는 삶이 되려면 어떻게 해야 하는지 알아볼까요.

부모님께 효도하여라 — 사친 事親

'부모님의 은혜가 얼마나 큰가? 그런데도 스스로 자기 몸이라고 제멋대로 하여 부모님께 불효를 하고 있지는 않는가?'

사람이 늘 이러한 마음을 가져야 저절로 부모를 향한 정성이 있게 된단다.

그런데, 지금 사람들은 대부분 부모에게 양육을 받기만 하고 자기 힘으로 부모를 봉양하지 못하더구나. 이와 같이하여 문득 세월을 보낸다면, 끝내는 정성으로 부모를 봉양할 때가 어디 있겠느냐?

또한 부모와 자식 사이에는 대부분 공경하기보다는 사랑함이 지나치니, 반드시 존경스러운 마음을 다하여야 한단다.

14. 왜, 부모님께 효도해야 하나요?

※ 나를 낳아 주신 은혜가 너무나 크기 때문이란다.

부모님께 효도해야 한다는 것을 알지 못하는 사람이 없지만, 진실로 효도하는 사람은 매우 드물단다.

왜 그렇겠느냐?

바로 부모님의 은혜를 깊이 알지 못하기 때문이란다.

그래서 옛날의 시문을 모은 『시경(詩經)』이라는 책에는 다음과 같이 말하였단다.

"아버지여! 나를 낳으시고,
어머니여! 나를 기르셨으니,
그 은덕을 갚고자 하여도,
그 은덕이 하늘같아서 끝이 없구나."

자식이 생명을 받을 적에 타고난 성품과 운명, 피와 육신은 모두 부모님께서 주신 것이란다. 부모님이 낳아 주셨기 때문에 숨을 쉬고 기운과 맥박이 서로 통하는 것이니, 내 몸은 나의 사사로운 물건이 아니요, 곧 부모님께서 주신 기운이란다.

그러므로 『시경』에는 이렇게 말하기도 했단다.

"슬프고 슬프다. 부모님이시여!
나를 낳으시느라 수고하셨네."

함께 생각해 볼까요

부모님께서는 여러분을 낳아 주시고, 기르실 때는 애지중지 항상 걱정과 근심 속에 자식 잘되기를 기원하시며 뒷바라지를 하십니다. 맛나고 좋은 것이 있으면 자신은 마다하시고 자식에게 주려는 그 마음은 '**완전한 사랑**' 그 자체인 것입니다.

그런데 가끔 우리는 마치 자신이 혼자서 커버린 것처럼 행동하며 부모님의 속을 태울 때가 한두 번이 아닙니다. 부모님의 넓고 깊은 은혜를 생각하기보다는 그저 지금 당장 자신에게 못해 주는 것만 생각하고 떼를 쓰거나 신경질을 부립니다. 하지만 우리의 부모님은 못해 주는 것을 안타까워하시며 늘 여러분 곁에 있으시며 여러분을 감싸 안으십니다.

예로부터 '**효는 백 가지 행실의 근본이다**'고 했습니다.

즉, 사람이 살아가는 데 가장 으뜸의 도리가 '효도'인 것입니다. 불경에서 **"부모를 사랑하는 사람은 남을 미워하지 않으며, 부모를 공경하는 사람은 남을 얕보지 않는다"**는 글이 있듯이, 효도를 하는 사람은 올바른 공부와 함께 올바른 인격을 닦은 사람입니다.

또 우리나라에서는 예로부터 '신체발부 수지부모(身體髮膚受之父母)'라 하여 '내 몸과 머리와 피부는 모두 부모에게 받은 것이다'고 했습니다. 부모님으로부터 물려받은 여러분의 몸을 소중히 하는 것이 효도의 시작이라는 것을 절대 잊지 말기 바랍니다.

배워 볼까요

범 인 막 부 지 친 지 당 효
凡人, 莫不知親之當孝,
사람들이, 부모님에게 마땅히 효도해야 한다는 것을 알지 못하는 이가 없으면서도

이 효 자 심 선   유 불 심 지 부 모 지 은 고 야
而孝者甚鮮, 由不深知父母之恩故也.
효도하는 자가 매우 드무니, 이것은 부모님의 은혜를 깊이 알지 못하는 데에서 말미암은 까닭이란다.

시 불 운 호
詩不云乎,

그래서 『시경(詩經)』에서 이렇게 이르지 않았는가!

부 혜 생 아
父兮生我,
아버지여 나를 낳으시고,

모 혜 국 아
母兮鞠我.
어머니여 나를 기르셨네.

욕 보 지 덕
欲報之德,
그 은혜를 갚고자 하여도

호 천 망 극
昊天罔極.
그 은혜가 하늘같아 다함이 없도다!

15. 효도하는 데 가장 중요한 것은 무엇인가요?

* 정성스러운 마음으로 효를 실천하려는 노력이란다.

'부모님의 은혜가 얼마나 큰가? 그런데도 스스로 자기 몸이라고 제멋대로 하여 부모님께 불효를 하고 있지는 않는가?'

사람이 늘 이러한 마음을 가져야 저절로 부모를 향한 정성이 있게 된단다.

부모를 섬기는 사람은 한 가지 일과 한 가지 행동도 자기 마음대로 해서는 안 된단다.

반드시 부모님께 여쭈어본 뒤에 실행할 것이요, 만일 부모님께서 허락하지 않으시거든, 반드시 다시 자세히 말씀드려서 허락을 받은 뒤에 행해야 한단다.

끝내 허락하지 않으시더라도 곧바로 제 뜻대로 해서는 안 된단다.

그리고 부모님을 모실 때에는 늘 날이 밝기 전에 일어나 세수하고 머리 빗고 옷을 입고서, 부모님께서 주무시는 곳에 나아가 기운을 낮추고 목소리를 부드럽게 하여 더운지, 추운지, 편안한지, 아닌지를 여

쭐 것이요.

　날이 어두워진 뒤에는 주무시는 곳에 나아가 이부자리를 깔아 드리고, 잠자리가 따뜻한지, 차가운지를 살펴볼 것이며,

　낮 동안 옆에서 받들어 모실 적에는 항상 얼굴빛을 부드럽게 하고 태도를 공손히 하여 공경스럽게 모시고, 곁에서 봉양하며 그 정성을 다할 것이요,

　집을 나가고 들어올 적에는, 반드시 부모님께 인사를 드리고 나갔다가, 들어와서도 절하고 뵈어야 한단다.

　그런데, 지금 사람들은 대부분 부모에게 양육을 받기만 하고 자기 힘으로 부모를 봉양하지 못하더구나. 이와 같이하여 문득 세월을 보낸다면, 끝내는 정성으로 부모를 봉양할 때가 없지 않겠느냐?

　또한 부모와 자식 사이에는 대부분 공경하기 보다는 사랑함이 지나치니, 반드시 존경스러운 마음을 다하여야 한단다.

　그래서 부모님이 앉고 누우시는 곳에는 자식이 감히 함부로 앉거나 눕지 않으며, 부모님이 손님을 접대하시는 곳에는 자식이 감히 사사로운 손님을 접대하지 않으며, 부모님이 말을 타고 내리시는 곳에는 자식이 감히 말을 타고 내리지 않는 것이 올바른 도리란다.

　그리고 부모님의 뜻이 만일 의리에 합당하다면, 먼저 부모님의 뜻을 알아차리고 받들어 순종하여 조금이라도 어기지 말 것이요,

만약 부모님의 뜻이 의리에 합당하지 않다면 기운을 부드럽게 하고, 얼굴빛을 환하게 하며, 음성을 부드럽게 하여 올바른 방향으로 나아가시도록 말씀을 드리고, 되풀이하여 말씀드려 반드시 의리에 합당한 방향으로 나가시도록 해야 한단다.

함께 생각해 볼까요

율곡 선생님께서는 부모님께 효도하는 데 가장 중요한 것이 무엇이라고 하셨나요?

그것은 바로 부모님을 사랑하는 정성스러운 마음이랍니다. 그리고 평소 생활하면서 정성스럽게 실천을 하는 것입니다. 예로부터 효를 늦게 깨달으면 한없는 후회를 하게 된다고 했답니다. 아무리 효도를 하고 싶어도 부모님이 안 계시면 그것만큼 가슴 아픈 일이 없다는 뜻이지요. 그러면 율곡 선생님의 말씀을 가슴에 새기며 열 가지 효도의 지침을 평소에 실천하면 어떨까요?

> "효는 백행의 근본입니다."
>
> **하나, 건강하라.** - 몸은 부모에게서 받은 것이라 함부로 손상시키지 않는 것이 효의 시작입니다.
> **둘, 부모를 공대하라.** - 물질적인 효도뿐만 아니라 평소에 존댓

말을 쓰고 부모님 말씀에 거역하지 말라는 것입니다.

셋, 드나들 때는 반드시 인사를 하라. - 부모님께 항상 알린다는 것은 걱정을 덜어드리는 일입니다.

넷, 밝은 얼굴과 공손한 말씨로 부모를 대하라. - 맑고 밝은 부드러운 얼굴과 말씨는 부모님을 기쁘게 하는 일입니다.

다섯, 자기 이름을 더럽히지 말라. - 잘못을 저질러 이름을 더럽히는 일은 부모님을 욕되게 하는 일입니다.

여섯, 거짓말로 부모를 속이지 말라. - 거짓을 하게 되면 가정이 화목하지 못하게 되니 이것이 불효입니다.

일곱, 집안에서 스스로 할 수 있는 일을 찾아 부모의 수고를 덜어 드려라. - 스스로 자기 방을 치우고 작은 일이라도 부모님을 도와드리면 기뻐하십니다.

여덟, 형제간에 결코 싸우지 말며 서로 화목하라. - 형제간에 공경하고 사랑하는 것은 곧 부모를 공경하고 사랑하는 길입니다.

아홉, 부모님을 원망하거나 허물을 말하지 말라. - 자신의 처지를 부모 탓으로 돌리지 말고, 부모님의 허물이 있더라도 공손히 아뢰고 남에게는 결코 말하지 말라는 뜻입니다.

열, 자기 하는 일에 충실하여 부모를 기쁘게 하라. - 옛말에 '몸을 세워 이름을 떨치니 이로써 부모도 드러난다. 이것이 효의 마침이다'라는 뜻입니다.

배워 볼까요

범 사 부 모 자
凡事父母者,

부모를 섬기는 자는

일 사 일 행 무 감 자 전
一事一行, 毋敢自專,

한 가지 일과 한 가지 행실일지라도 감히 제 멋대로 해서는 안 된단다.

필 품 명 이 후 행
必稟命而後行.

반드시 부모님에게 여쭈어보고 나서 행해야 한단다.

약 사 지 가 위 자 부 모 불 허
若事之可爲者, 父母不許,

해도 될 만한 일인데도 부모님께서 허락하지 않으시면

즉 필 위 곡 진 달 함 가 이 후 행
則必委曲陳達, 頷可而後行.

반드시 자세히 말씀을 드려서 허락하신 뒤에 행해야 한단다.

약 종 불 허 즉 역 불 가 직 수 기 정 야
若終不許, 則亦不可直遂其情也.

만일 끝내 허락하지 않으시더라도 또한 곧바로 제 뜻대로 이루려고 해서는 안 된단다.

16. 어떻게 해야 부모님께서 기뻐하실까요?

* 부모님의 뜻을 올바로 받드는 것이 가장 우선이란다.

일상 생활하는 동안, 그리고 잠깐 사이라도 부모님의 은혜를 잊지 않아야 효도한다고 할 수 있단다.

제멋대로 행동하고, 아무 말이나 함부로 내뱉으며, 놀이와 장난으로 세월을 보내는 사람들은 다 부모님의 은혜를 잊어버린 사람들이란다.

만약 부모님께서 병환이 나셨거든 마음으로 걱정하고 근심할 것이며,
먼저 의원에게 병에 대해 묻고 약을 짓는 일을 힘쓸 것이며,
병이 나으신 뒤에야 처음 하던 일을 다시 해야 하는 것이란다.

또 세월은 흐르는 물과 같아서, 부모님을 오래도록 섬기고 싶어도 할 수 없는 것이란다.

그러므로 자식 된 이는 당연히 정성과 힘을 다하여, 하루하루 효도를 다하지 못할까 두려워하듯 부모님을 섬겨야 한단다.

이에 옛 사람의 시(詩)에는 다음과 같이 말하기도 했단다.

"옛날 사람은 하루의 보양을 삼공(三公)의 높은 벼슬과도 바꾸지 않는다."

또 '하루해를 아낀다'는 말도 이와 같은 뜻이란다.

함께 생각해 볼까요

어린이 여러분!

율곡 선생님께서는 무엇보다도 한시라도 부모님의 은혜를 잊지 않는다면 그 마음을 미루어 부모님께 효도를 다할 수 있다고 하셨습니다.

왜 그럴까요?

먼저 부모님의 마음을 안다면 부모님께서 여러분들에게 바라는 기대를 저버리지 않기 때문입니다. 즉, 부모님의 마음을 기쁘게 해드리기 위하여 열심히 노력할 것이기 때문이지요. 부모님은 항상 자식 잘되기를 기원하십니다. 먼저 자식이 건강하길 바라고, 형제와 친구들과 사이좋게 지내기를 바라고, 나쁜 길로 빠지지 않기를 항상 기원하

---

9) '하루해를 아낀다' : '애일(愛日)의 정성'을 말하는 것이다. 하루해가 짧은 것처럼 늘 부모님 모실 날이 얼마 남아 있지 않음을 생각하고 정성을 다해 효도하여야 한다는 고사를 말한다.

고, 공부를 열심히 해서 맡은 일을 열심히 해내어 행복하고 당당한 사람으로 성장하기를 바라지요. 그런데 제멋대로 행동하면서 올바른 삶을 살아가지 못하면 그것만큼 부모님을 아프게 하는 일이 없답니다. 여러분이 학교에서 1등을 하는 것보다 더욱 중요하게 여기는 것은 바로 건강하고 올바르게 크는 것이라고 할 수 있습니다.

그래서 율곡 선생님은 평소에 '하루해가 짧다'는 생각으로 부모님을 정성으로 모셔야 한다는 것을 말씀하신 것입니다. 특히 율곡 선생님은 일찍 아버지와 어머니를 여의고 살아 계실 적에 효도를 못다한 일을 매우 안타까워 하셨습니다. 아무리 효도를 하고 싶어도 부모님이 안계시면 할 수 없기에 평소에 하루해가 얼마 남지 않았다는 생각으로 부모님께 효도를 다 하라는 뜻으로 이 말씀을 하신 것이니 가슴 속 깊이 새기시길 바랍니다.

배워 볼까요

일 월 여 류
日月如流,
세월은 흐르는 물과 같으니,

사 친 불 가 구 야
事親不可久也.
부모님 모시기를 오래 할 수 없단다.

고 위 자 자
故爲子者,

그러므로 자식 된 자는

수 진 성 갈 력　여 공 불 급　가 야
須盡誠竭力, 如恐不及, 可也.

정성과 힘을 다하여, 미치지 못할 듯이 해야 한단다.

고 인 시 왈
古人詩曰,

옛 사람의 시(詩)에 이르기를,

고 인 일 일 양　불 이 삼 공 환
古人一日養, 不以三公換.

'옛날 사람은 하루의 봉양을 삼공의 높은 벼슬과도 바꾸지 않는다' 하였으니,

소 위 애 일 자　여 차
所謂愛日者, 如此.

'날짜를 아낀다'는 것이 이와 같은 것을 말한 것이란다.

살아계신 듯 정성을 다하거라

상제·제례
喪制·祭禮

喪制·祭禮

　장사지내는 예절과 제사지내는 예절은 자식으로서 가장 정성을 다해야 할 일이란다.

　부모님이 돌아가시고 난 뒤에는 살아계실 때처럼 뵙고 모실 수 없을 것이니, 장사지내고 제사지낼 때 그 예절과 정성을 다하지 않는다면, 자식의 정으로 일생 동안의 비통한 마음을 어찌할 것인가?

　증자(曾子)가 "삼가서 장사를 지내고 정성으로 먼 조상에게 제사를 지내면 백성들의 덕성이 두텁게 될 것이다."라고 하셨으니, 자식 된 자는 마땅히 깊이 생각해야 할 것이다.

17. 부모님이 돌아가시면 어떻게 하나요?

* 가정의 예법을 잘 따르고 사치하지 말아야 한단다.

『가례(家禮)』[8]에 따르면, 부모님의 상에는, 성복(成服)[9]하는 날에 비로소 죽을 먹고, 졸곡(卒哭)[10]하는 날에 비로소 거친 밥과 물만 마시고 채소와 과일을 먹지 않으며, 소상(小祥)[11]이 지난 뒤에야 비로소 채소와 과일을 먹는다고 하였단다. 예문(禮文)이 이와 같으니, 질병이 없다면 당연히 예문을 따라야 하는 것이란다.

아버지의 상에 성복하기 전에는 곡(哭)하고 우는 것을 그치지 않으며, 장사지내기 전에는 곡을 하기를 정한 때가 없이 하여 슬픔이 지극하면 곡을 한단다. 졸곡 뒤에는 아침과 저녁에만 곡할 뿐이다. 그러나 예문이 대개 이와 같더라도, 효자가 정이 지극하다면 곡하고 우는 것이 어찌 정한 수가 있겠는가? 무릇 장례를 지낼 때에는

---

10) 『가례(家禮)』: 중국 송나라 때 주자(朱子)가 지은 책으로, 『주자가례(朱子家禮)』를 말한다. 관례(冠禮, 성인식), 혼례(婚禮, 결혼식), 상례(喪禮, 장례의식), 제례(祭禮, 제사의식) 등 일상 생활의 의례에 관한 내용을 정리한 책으로 조선시대에 기본적인 의례서였다.

11) 성복(成服): 초상이 나서 상복을 입는 것을 말한다.

12) 졸곡(卒哭): 돌아가신 뒤 석 달이 되는 때 곡을 끝낸다는 뜻으로 지내는 제사를 말한다.

13) 소상(小祥): 사람이 죽은 지 1년 만에 지내는 제사를 말한다.

슬픔이 부족하고 예절이 넘치는 것보다는 예절이 부족하더라도 슬픔이 넘치는 것만 못한 것이란다.

   부모님의 상에는 그 슬픔과 공경을 다해야 할 뿐이란다.
   그러므로 증자가 말하기를, "사람으로서 스스로 정성을 다해 본 적이 있지 않은 사람이라도 반드시 부모님 상에는 정성을 다해야 할 것이다." 하였으니, 죽은 이를 장사지내는 것은 부모님을 섬기는 큰 예절이란다. 여기에 정성을 쓰지 않는다면 어디에 그 정성을 쓰겠는가?
   옛날에 소련(少連)과 대련(大連)[14]은 거상(居喪)을 잘하여 사흘 동안 게을리 하지 않았고, 석 달 동안 태만히 하지 않았으며, 1년 동안 슬퍼하고, 3년 동안 근심하였으니, 이것이 바로 거상하는 법칙이란다. 효성이 지극한 자는 힘쓰지 않아도 잘 하겠지만, 미치지 못하는 자라면 힘써서 예를 좇는 것이 옳은 것이란다.
   거상할 때에 효성이 지극하지 못해서 예법을 잘 따르지 못하는 자는 진실로 말할 것이 없겠지만, 간혹 자질이 아름다우나 배우지 못한 자가 있어 예법대로 지키는 것이 효도가 되는 줄만 알고, 생명을 손상하는 것이 바른 도리를 잃는 것임을 알지 못하는 경우도 있단다. 슬퍼하기를 지나치게 해서 병이 났는데도 차마 권도(權道)[15]

---

14) 소련(少連)과 대련(大連) : 부모님 상에 거상을 잘한 사례로 공자(孔子)가 언급한 사람들로서, 『예기(禮記)』 등에 보인다.

를 따르지 못하여 생명을 잃는 데 이르는 자도 간혹 있으니, 이는 매우 안타까운 일이다. 그러므로 몸을 상하여 수척하게 되어 생명을 해치기까지 하는 것은 도리어 불효가 되는 것이란다.

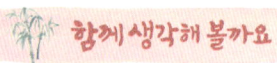

어린이 여러분!

나를 낳아 주시고 길러 주신 부모님이 돌아가신 것만큼 큰 슬픔이 또 있을까요?

그래서 옛날 사람들은 부모님 살아 계실 때에는 하루를 아끼듯 정성을 다해 아침저녁으로 보살펴드리고, 또 집 밖으로 나가고 들어올 때에도 반드시 부모님께 말씀을 드리고 행하는 것을 효도의 근본이라고 생각했습니다. 그것은 부모님께서 자식이 잘못되지는 않을까, 남들과 다투지는 않을까, 사고로 다치지나 않을까 늘 걱정하고 염려하시는 것을 알고 있기 때문이랍니다.

부모님의 크나 큰 은혜를 다 갚을 길이 없건만, 부모님께서 오래도록 살아계시지 못하고 돌아가시면 그 애통한 마음은 또 어떨까요? **그래서 옛날 사람들은 부모님이 돌아가신 슬픔을 '하늘이 무너지는 것 같다'고 표현하기도 했답니다.**

---

15) 권도(權道) : 그때그때 형편에 따라 대처하는 것을 권도라 하며, 상중에 있을지라도 병이 있으면 육식(肉食)을 하는 것도 그 예 가운데 하나이다.

그런 가운데에서도 옛 사람들은 중국 송나라 때 주자라는 분이 지은 『가례』라는 책에 따라 장례를 정성껏 지냈답니다. 지금도 이러한 장례 절차는 시대에 맞게 간략하게 줄어들긴 했지만, 중요한 절차는 거의 그대로 지켜지고 있답니다. 그러나 이러한 절차를 형식적으로 치르는 것 보다 더 중요한 것은 그 마음이 아닐까요?

부모님이 더 이상 이 세상에 함께 살아계시지 못하는 슬픔과 애통함 때문에 오히려 몸을 상하거나, 또 지나치게 형식에만 치중해 장례를 치르는 것 등은 모두 돌아가신 부모님 상을 치르는 참 뜻은 아니랍니다.

배워 볼까요

증 자 왈
曾子曰,
증자가 말하기를,

인 미 유 자 치 자 야
人未有自致者也,
"사람으로서 스스로 정성을 다해 본 적이 있지 않은 사람이라도

필 야 친 상 호
必也親喪乎.
반드시 부모님 상에는 정성을 다해야 할 것이다." 하셨단다.

송 사 자　사 친 지 대 절 야
送死者, 事親之大節也.
죽은 이를 장사지내는 것은 부모님을 섬기는 큰 예절이란다.

어 차 불 용 기 성
於此不用其誠,
여기에 그 정성을 쓰지 않는다면

오 호 용 기 성
惡乎用其誠.
어디에 그 정성을 쓰겠는가?

18. 조상님께 제사를 지내는 참 뜻은 무엇인가요?

* 가정의 예법을 잘 따르고 사치하지 말아야 한단다.

　제사는 마땅히 『가례』에 따라 사당(祠堂)[16]을 세워서 조상의 신주(神主)[17]를 받들고, 제전(祭田)[18]을 두고 제기(祭器)[19]를 갖추어 종가(宗家)의 맏아들이 이를 주관한단다.

　사당을 주관하는 자는 매일 새벽마다 대문 안에서 절하고 뵙는 의식에 따라 두 번 절하고 출입할 때에는 반드시 고(告)하여야 한단다.

　수재나 화재, 도적이 들면, 먼저 사당을 구원하여 신주와 유서(遺書)[20]를 옮기고, 다음에 제기를 옮기며, 그런 뒤에 집안의 재물을 옮겨야 한단다.

---

16) 사당(祠堂) : 조상의 신주(神主)를 모셔 놓은 집을 말한다.
17) 신주(神主) : 돌아가신 분의 위패를 말한다. 대개 밤나무로 만드는데, 위는 둥글고 아래는 모나게 생겼다.
18) 제전(祭田) : 조상의 제사를 받들기 위한 제사 비용을 마련하기 위하여 경작하던 논밭을 말한다
19) 제기(祭器) : 제사에 쓰는 그릇으로, 놋그릇, 사기그릇, 나무 그릇이 있다.
20) 유서(遺書) : 유언을 적은 글이다.

정월 초하루와 동짓날, 매달 초하루와 보름날에는 사당에 들어가 절하고, 명절이면 때에 맞는 음식을 올려야 한단다.

시제(時祭)[21]에는 산재(散齋)[22]를 나흘 동안 하고 치재(致齋)[23]를 사흘 동안 하며, 기제(忌祭)[24]에는 산재를 이틀 동안 하고 치재를 하루 동안 하여야 하며, 제사 의식에 참여만 할 때에는 재계(齋戒)[25]하기를 하루 동안 하여야 하는 것이란다.

산재는 초상에 조문하지 않고 문병하지 않으며, 파나 마늘 등의 향이 강한 채소를 먹지 않고 술을 마시되 취하도록 마시지 않으며, 모든 흉하고 더러운 일에 참여하지 않아야 한단다.

치재는 음악을 듣지 않고, 출입하지 않으며, 마음을 집중하여 제사지낼 분을 생각하여, 그 분이 생전에 거처하시던 것, 웃고 말씀하시던 것, 좋아하시던 것, 즐기시던 것을 생각하는 것을 말한단다.

이렇게 한 뒤에야 제사 지낼 때 그 모습을 보는 듯하고, 음성을 듣는 듯하여 정성이 지극하여 신명(神明)이 흠향(歆饗)[26]하는 것이다.

무릇 제사는 사랑과 공경의 정성을 다함을 위주로 할 뿐이니, 가난

---

21) 시제(時祭) : 음력 2월, 5월, 8월, 11월에 가묘에 지내는 제사, 또는 음력 10월에 5대 이상의 조상 무덤에 지내는 제사를 말한다.
22) 산재(散齋) : 제사를 지내기 전에 목욕재계하던 일을 말한다.
23) 치재(致齋) : 제사를 시작하는 날부터 제사를 마친 다음 날까지 사흘 동안 몸을 깨끗이 하고 삼가는 일을 말한다.
24) 기제(忌祭) : 해마다 돌아가신 날에 지내는 제사를 말한다.
25) 재계(齋戒) : 의식 따위를 치르기 위하여 몸과 마음을 깨끗이 하고 부정한 일을 멀리하는 일을 말한다.
26) 흠향(歆饗) : 신명이 제물을 받아서 먹는 것을 말한다.

하면 집 재산의 많고 적음에 따라 그에 걸맞게 지낼 것이요, 병이 있으면 몸 상태를 헤아려 행해야 한단다.

함께 생각해 볼까요

어린이 여러분!

조상님께 때에 맞춰 제사를 지내는 풍습은 우리나라의 아름다운 풍속 중의 하나랍니다.

돌아가신 분이 살아계실 때처럼 돌아가신 날이나 명절에 자손들이 모두 한 곳에 모여서 함께 음식을 마련해서 제사를 지냄으로써, 돌아가신 분을 다시 기억하고 가족과 친척 간에 우애를 돈독히 하는 것이지요.

세계 여러 나라마다 가까운 분이 돌아가신 뒤에 나름대로 기념하는 의식이 있지만, 우리나라처럼 자기로부터 위로 부모, 조부모, 증조부모, 고조부모의 4대를 제사하거나, 멀리 시조로부터 중시조까지 두루 제사를 모시는 풍습은 다른 나라에서는 보기 힘든 미풍양속이랍니다.

이러한 **제사 의식을 통해 같은 조상을 모신 후손들이 돈독하게 지내고 돌아가신 분의 업적이나 생각을 이어가는 모습은 길이 전해 주어야 할 아름다운 전통**이랍니다.

제사지낼 때에는 부모님이나 웃어른들에게 조상님들이 남겨 주신 아름다운 말과 본받을 만한 선행을 여쭈어보고 기억해 둔다면 어떨까요?

여러분들이 학교 생활을 하거나 사회에 나가서 중요한 역할을 하는 데 큰 도움이 되리라 생각합니다.

범 제   주 어 진 애 경 지 성 이 이
凡祭, 主於盡愛敬之誠而已.
제사를 지낼 때에는 사랑과 공경의 정성을 다함을 위주로 할 뿐이란다.

빈 즉 칭 가 지 유 무
貧則稱家之有無,
가난하다면 집 재산의 있고 없음에 합당하게 지낼 것이요,

질 즉 양 근 력 이 행 지
疾則量筋力而行之.
질병이 있다면 근력을 헤아려 '예'를 행해야 한단다.

재 력 가 급 자   자 당 여 의
財力可及者, 自當如義.
재산과 근력이 미칠 수 있는 자는 스스로 마땅히 예법에 따라야 할 것이란다.

집안을 잘 이끌어라 | 거가 居家

居家

　형제란 부모가 물려주신 몸을 함께 받았기에 나와 더불어 한 몸과 같단다.

　그러므로 형제간에는 마땅히 '너'와 '나'를 따지지 말고 서로 모두 같이 해야 한단다.

　지금 형제간에 서로 사랑하지 않는 사람이 있는 것은 다 부모를 사랑하지 않는 데에서 비롯된 것이니, 만일 부모를 사랑하는 마음이 있다면 어찌 그 부모의 자식끼리 사랑하지 않을 수 있겠느냐?

　형제가 좋지 못한 행실이 있다면 진심으로 타일러서 점차 올바른 도리를 깨닫게 할 것이요, 갑자기 화를 내거나 거슬리는 말로써 형제간에 서로 화합하는 도리를 잃어서는 안 되는 것이란다.

19. 집에서의 생활은 어떻게 해야 하나요?

* 가정의 예법을 잘 따르고 사치하지 말아야 한단다.

집에서 생활할 때에는 가정의 예법을 지키는데 힘써서 가족들과 집안사람들을 잘 이끌어야 한단다.

즉, 집안사람들에게 각기 그에 걸맞게 적당한 책임을 주고 할 일을 맡겨서 그 일이 어떠했는지를 알아야 한단다.

또 재물의 씀씀이를 아껴서, 수입을 헤아려 지출을 할 것이요,

집에 재산이 있고 없음에 맞추어 윗사람과 아랫사람의 옷과 먹거리, 좋은 일과 나쁜 일의 비용을 지급해 주되, 모두 알맞게 적당하고 균일하게 할 것이며,

쓸데없는 비용을 줄이고, 사치와 화려함을 금지하여 항상 다소 남음이 있게 해서 뜻밖의 일에 대비하도록 해야 한단다.

함께 생각해 볼까요

　율곡 선생님이 살았던 시대는 지금과는 많이 달랐답니다.

　지금은 소가족 중심이지만, 이때에는 대가족이 한데 모여 사는 경우가 많았습니다. 그래서 집안사람들이 서로 화목하게 지낼 수 있도록 **'가정의 예법'**을 엄격하게 지키는 일이 중요했어요. 그런데 이것은 지금도 매우 중요한 일입니다. 특히 요즘처럼 부모님 모두 가족을 위해서 열심히 일하는 가정에서는 서로 도와주고 배려하지 않으면 화목이 깨지기 때문에 더욱 그렇습니다. 일하는 사람 따로 있고, 편히 쉬는 사람 따로 있는 것이 아니기에 우리 어린이 여러분도 자기의 할 일을 스스로 찾아서 할 줄 아는 마음과 실천이 매우 중요합니다. 학교 갔다 오면 스스로 공부하는 습관, 책상을 정리하고 자기 방은 스스로 청소하는 습관, 쓰던 물건은 제자리에 갖다놓는 습관 등등.

　이 모든 것이 보이지 않지만 함께 사는 사람들에 대한 예절이고 소중한 규칙이라고 할 수 있어요. 가족이 함께하는 시간을 많이 만들 수 있는 것도 여러분이 어떻게 하느냐에 달렸다고 할 수 있어요.

　또한 예나 지금이나 **'가정 경제'**는 매우 중요한 것입니다. 평소에 아끼고 사치하지 않는 검소한 생활은 갑자기 큰 일이 생겨도 헤쳐 나갈 수 있는 원동력이 됩니다. 일순간의 물질적 풍요를 행복으로 여기기보다는 늘 화목하게 지낼 수 있는 행복한 마음과 지혜가 무엇인지 율곡 선생님의 말씀을 새겨서 실천하면 어떨까요?

19. 집에서의 생활은 어떻게 해야 하나요?

배워 볼까요

범 거 가
凡居家,
집에 거처할 때에는

당 근 수 예 법
當謹守禮法,
마땅히 예법을 잘 지켜서

이 솔 처 자 급 가 중
以率妻子及家衆.
처자와 집안사람들을 통솔해야 한단다.

분 지 이 직   수 지 이 사
分之以職, 授之以事,
(각자에 맞게) 역할을 나누어 할 일을 줄 것이요,

재 생 용 비   금 지 사 화
裁省冗費, 禁止奢華,
쓸데없는 비용을 줄이고, 사치와 호화로움을 금지해서

상 수 초 존 잉 여   이 비 불 우
常須秒存贏餘, 以備不虞.
항상 조금씩 여유분을 남겨 둠으로써 뜻밖의 일에 대비하도록 해야 한단다.

20. 가족간에는 어떻게 해야하나요?

* 서로 아껴 주고 스스로의 도리를 지켜야 한단다.

형제란 부모가 물려주신 몸을 함께 받았기에 나와 더불어 한 몸과 같단다.

그러므로 형제간에는 마땅히 '너'와 '나'를 따지지 말고 먹거리나 옷가지를 서로 모두 같이 해야 한단다.

가령 형은 굶주리는데 아우는 배부르고, 아우는 추워 하는데 형만 따뜻하게 지낸다면, 이는 한 몸 가운데에 한쪽 팔다리는 병들고 다른 한쪽은 건강한 것과 같으니, 몸과 마음이 어찌 한쪽만 편안할 수 있겠느냐?

그런데 지금 형제간에 서로 사랑하지 않는 사람이 있는 것은 다 부모를 사랑하지 않는 데에서 비롯된 것이니, 만일 부모를 사랑하는 마음이 있다면 어찌 그 부모의 자식끼리 사랑하지 않을 수 있겠느냐?

형제가 좋지 못한 행실이 있다면 진심으로 타일러서 점차 올바른 도리를 깨닫게 할 것이요, 갑자기 화를 내거나 거슬리는 말로써 형제간에 서로 화합하는 도리를 잃어서는 안 되는 것이란다.

부부간에도 당연히 지켜야 할 도리가 있단다. 그런데 지금의 학문하는 이들은 겉으로는 몸을 삼가고 조심한다고 하나 속으로는 뜻이 깊은 사람이 드물단다. 그래서 부부 사이에 함부로 행동하며 서로 지켜야 할 위엄을 잃어버리는 경우가 많단다. 따라서 부부간에 함부로 행동하면서 수양하고 집안을 바로 잡고자 한들 될 수가 있겠느냐?

남편은 아내를 온화하게 의리로써 다스리고, 아내는 부드럽게 올바른 도리로써 받들어, 부부 사이에도 예의와 공경함을 잃지 않아야 집안일이 잘 다스려질 수 있는 것이란다.

즉, 바로 전까지 함부로 행동하다가 하루아침에 갑자기 서로 공경하고자 한다면 쉽게 되기 어렵단다. 그러므로 부부는 서로 경계하여 옛날의 옳지 못한 습관을 버리고 점차 예의에 맞게 행동하도록 힘써야 한단다. 부부가 서로 말하는 것과 몸가짐이 한결같이 바른 데에서 나오는 것임을 알게 된다면 점점 서로 믿고 존중하게 되지 않겠느냐?

아랫사람들은 나의 수고를 대신해 주는 사람이란다. 따라서 은혜를 먼저 베풀고 위엄을 뒤에 세워야 그들의 마음을 얻을 수 있단다. 임금이 백성들에게 있어서도 그 이치는 하나같이 똑같은 것이란다.

임금이 백성을 아끼지 않으면 백성이 흩어지고, 백성이 흩어지면 나라가 망하는 것처럼, 윗사람이 아랫사람들을 아끼지 않으면 아랫

사람들이 흩어지고, 아랫사람들이 흩어지면 집이 망하는 것은 당연한 이치란다.

그러므로 아랫사람들에 대하여 반드시 추위와 굶주림을 깊이 염려해서 옷과 밥을 대주고 그 살 곳을 얻게 해줄 것이요, 잘못과 나쁜 짓을 저질렀더라도 먼저 부지런히 깨우쳐서 고치게 하고, 가르쳐도 고치지 않는다면 그때 잘못을 알게 하면 되는 것이란다.

그래야만 윗사람이 잘못을 깨우치게 하는 것이 가르침에서 나온 것이지 미워해서가 아님을 알게 하여야만 아랫사람이 마음을 고치고 얼굴을 고치게 되는 것이란다.

함께 생각해 볼까요

형제간에, 부부간에, 또 아랫사람들을 대할 때에 어떻게 해야 하는지 율곡 선생님께서 하나하나 차근차근 말씀해 주셨네요.

형제 자매간에는 같은 부모 밑에서 태어난 한 핏줄이기 때문에 서로 어려울 때 도와야 한다고 하셨어요. 지금도 아마 집안에서 부모님이 가장 안 좋아하시는 것 중에 하나는 자녀들이 서로 이해하고 배려하지 못하여 목소리를 높이면서 다투는 것일 거예요. '**열 손가락 깨물어 안 아픈 손가락이 없다**'는 말을 생각해 보면 금방 이해가 될 거예요. 똑같이 사랑스런 자녀들이기에 서로 사랑하고 위하면서 살아가기를 바라는데 그렇지 못하다면 이 또한 불효이고 집안의 화목을 깨뜨리는 아주 안 좋은 일입니다.

또 남편과 아내 사이에도 서로 지켜야 할 도리가 있다고 하셨어요. 사람은 나이가 차면 평생 함께 살 반려자를 택하여 결혼을 하게 되는데, 이런 경우에 서로에 대한 '**사랑과 믿음**'이 바탕이 된답니다. 평생 함께 살아가야 하는 소중한 사람을 어떻게 대할 것인가? 중요한 것은 항상 남편과 아내는 서로를 믿고 아껴 주며 각자의 본분을 지키는 생활을 해야 한다는 것입니다.

끝으로 아랫사람들을 대하는 요령을 말씀하셨어요. 물론 지금은 조선시대와 같이 양반이니, 평민이니 하는 신분적 차별은 없지만 가족, 친척, 학교, 회사, 국가라는 공동체 사회에서는 윗사람과 아랫사람이 존재합니다. 이에 아랫사람을 대할 때에는 사랑으로 이끌어 진심으로 따르도록 해야 한다는 것이지요.

여러분들이 동생이나 학교 후배들에게 어떻게 대해야 하는지 이제 알 수 있겠지요?

배워 볼까요

형제 동수부모유체
兄弟, 同受父母遺體,
형제는 부모가 주신 몸을 함께 받아서,

116

여 아 여 일 신
與我如一身,

나와 더불어 한 몸과 같으니,

시 지 당 무 피 아 지 간
視之當無彼我之間.

형제 보기를 마땅히 너와 나의 구분이 없게 하여야 한단다.

음 식 의 복 유 무
飮食衣服有無,

음식과 의복의 있고 없음을

개 당 공 지
皆當共之

모두 마땅히 함께 해야 한단다.

21. 집안이 가난해도 기본이 되는 것은 무엇인가요?

* 올바른 도리를 따르고 지키려는 마음가짐이란다.

한 가정에 예법이 잘 지켜지고 글을 읽고 글씨를 쓰는 공부 이외에 다른 것이 없으면 자녀들도 밖으로 나돌거나 배움을 버리게 되는 염려가 없을 것이란다. 특히 집안이 가난하고 궁색하면 가난에 쪼들려 괴롭기 마련인데 이때에 필시 자신이 지켜왔던 올바른 마음을 잃어버리는 경우가 많단다.

이에 옛 사람이 말하기를 '궁핍해도 하지 말 것은 하지 말 것이요, 가난해도 취해선 안 될 물건은 취하지 말아야 한다.'고 했단다.

집이 가난하여 살아갈 수가 없을 정도라면 가난에서 벗어날 대책을 생각해야 하겠지만, 이런 경우에도 굶주림과 추위만 벗어나면 될 뿐, 많이 쌓아두고 풍족하게 살려는 생각을 가져서는 안 된단다. 더욱이 품위가 없는 천한 일을 마음속에 두어서도 안 된단다.

옛날 숨어사는 선비들 중에는 짚신을 만들어 팔아서 생활한 사람, 땔나무를 하거나 물고기를 잡아서 생활한 사람, 지팡이를 꽂아놓고 밭의 김을 매며 산 사람도 있었으니, 이런 사람들은 재산이나 지위에 마음을 빼앗기지 않았던 사람들이란다. 이에 스스로 편안

할 수 있었던 것이니, 만일 이익인지 해로운지를 비교하고 풍성함과 가난함을 계산하려는 생각이 있었다면 어찌 마음을 닦는 공부에 방해가 되지 않았겠느냐?

이처럼 공부하는 자는 마땅히 부귀를 가벼이 여기는 것으로 마음을 세워야 한단다.

하지만 집에 거처할 때에 가난하다면 반드시 가난 때문에 곤란을 당하여 그 지켜야 할 바를 잃어버리는 사람이 많단다.

옛 사람이 말하기를 '곤궁할 때에는 그 사람이 하지 않는 바를 살펴보고, 가난할 때에는 그 사람이 취하지 않는 바를 살펴보라'고 하였고, 공자(孔子)는 말하기를, '소인(小人)은 곤궁하면 도리에서 벗어난다'고 하였으니, 만일 가난함 때문에 마음이 흔들려 옳은 일을 실행할 수 없다면 배움이 무슨 소용이 있겠느냐?

함께 생각해 볼까요

율곡 선생님은 큰 학자이자 높은 벼슬을 지내신 분이셨지만, 평생 재물을 욕심내지 않으셨습니다. 돌아가셨을 때에도 장례비용이 없을 정도여서 제자와 이웃들의 도움으로 장례를 치렀다고 합니다. 이렇게 율곡 선생님께서 평생 마음을 다해 힘쓰신 것은 사람으로서의 올바른 도리를 실천하시고자 한 것이었습니다. **'비록 가난할 지라도 몸과 마음을 닦고 올바른 도리를 실천한다면 이것이 바로 공부하는 사람이**

지녀야 할 바른 생각이고 자세'라고 생각하신 것입니다.

특히 요즘은 잘살고 못사는 것에 따라서 그 기준을 정하는 좋지 않은 경우가 많이 있습니다. 하지만 어떤가요? 물질적으로 풍요하다고 해서 꼭 행복한 것일까요? 어떤 친구는 잘 살지는 못하지만 항상 밝고 적극적이어서 친구들에게 많은 인기가 있지만, 어떤 친구는 풍족하게 잘살아도 욕심이 많기에 친구들과 사이가 좋지 않은 경우가 있습니다. 흔히 가난은 부끄러운 것이 아니라고 합니다. 열심히 성실하게 최선을 다하며 사는 것이 바른 삶입니다. 부끄러운 방법으로 나만 잘살면 그만이라는 삶을 살아가는 것은 올바른 삶이 아닙니다.

물질적으로 조금은 부족해도 부모님을 존경하고 떳떳하게 생각하며 열심히 공부하며 노력하는 삶을 살아가려는 태도야말로 여러분의 가정을 더욱 행복하게 만드는 지름길입니다. 그렇게 되면 우리의 부모님은 더욱 성실하게 일하시며 여러분을 굳게 사랑하고 지탱해 주는 버팀목이 되어 주실 테니까요.

배워 볼까요

군자 우도 부당우빈
君子, 憂道, 不當憂貧.
군자는 도(道)를 근심할 것이며, 가난을 근심해서는 안 된다.

단 가 빈 무 이 자 생
但家貧, 無以資生,
다만, 집이 가난하여 살아갈 길이 없다면,

즉 수 당 사 구 궁 지 책
則雖當思救窮之策,
마땅히 빈궁을 구제할 대책을 생각해야 할 것이나

역 지 가 면 기 한 이 이
亦只可免飢寒而已,
이 또한 굶주림과 추위만 면하면 될 뿐이요,

불 가 존 거 적 풍 족 지 념
不可存居積豐足之念.
풍족하게 쌓아두고 살려는 생각을 가져서는 안 된단다.

고 인 왈
古人曰,
옛사람이 말하기를,

궁 시 기 소 불 위 빈 시 기 소 불 취
窮視其所不爲, 貧視其所不取.
"(처지가) 어려울 때에는 그 하지 않는 바를 살펴보고, 가난할 때에는 그 취하지 않는 바를 살펴본다." 하였단다.

사람들과 잘 사귀거라 접인 接人

남에게 항상 부드럽고 공손하며 따뜻하게 은혜를 베풀고 돕는 마음을 가져야 할 것이며, 만약 남에게 손해를 끼치거나 해치는 일이라면 털끝만큼이라도 하지 말고 마음속에도 두지 말아야 한단다.

무릇 사람들이 자기에게만 이롭게 하고자 하면 반드시 남에게 손해를 끼치거나 해치기에 이르기 때문에 공부한 사람은 먼저 자기에게만 이롭게 하려는 마음을 끊어버린 뒤에야 사람으로서의 올바른 도리를 배울 수 있는 것이란다.

22. 사람들과 잘 사귀려면 어떻게 해야 하나요?

* 온화하고 공경하며 공부에 뜻을 두고 노력해야 한단다.

사람을 사귈 때에는 어떻게 하는 게 좋겠느냐?
마땅히 온화하고 공경하는 자세로 대해야 한단다.

나보다 나이가 갑절이 많으면 아버지처럼 섬기고, 10년이 많으면 형처럼 섬기고, 5년이 많으면 그에 맞게 공경하는 마음으로 대해야 한단다.
그리고 가장 나쁜 것은 공부를 했다고 스스로 높은 체하거나, 기운이 세다 하여 남을 업신여기는 것이란다.

또한 친구를 사귈 때에는 이런 친구를 사귀어야 한단다.
학문과 착한 것을 좋아하는 친구, 바르고 곧은 친구, 정직하고 성실한 친구란다. 이런 친구라면 함께 있으면서 올바른 도리를 사심 없이 마음 깊이 받아들여 나의 나쁜 점을 바로잡을 수 있기 때문이란다.
그런데 만약 이런 친구라면 사귀지 않는 게 좋겠구나.
게으르고 놀기 좋아하는 친구, 듣기 좋은 말만하며 정직하지 못한 친구란다.

 이와 함께 마을 사람 중에 착한 자와는 반드시 친근히 지내며 서로의 사정을 얘기하고, 마을 사람 중에 착하지 못한 자와는 좋지 않은 말로 그의 천한 행위를 전하지 말고 다만 평범하게 대접할 뿐 서로 왕래하지 말아야 한다. 또 만일 전에 서로 알던 사이라면 만날 때에 안부나 묻고 다른 말을 주고받지 않으면 자연히 차츰 멀어지게 되니 원망이나 성을 내는 데까지 이르지 말아야 한단다.

 같은 소리는 서로 응하고, 같은 기운은 서로 찾게 되듯이 만약 내가 학문에 뜻을 두었다면, 반드시 학문하는 선비를 찾게 되고, 학문하는 선비도 역시 나를 찾을 것이다.
 헌데 학문을 한다고 말하면서도 집에 소란스러운 손님들이 들끓어 같이 시끄럽게 떠들며 세월을 보내는 사람은 그가 즐기는 것이 학문이 아니기 때문이란다.

함께 생각해 볼까요

 어린이 여러분들은 친구들을 어떻게 대하나요.
 먼저 자기 자신이 상대방을 어떻게 대하는지 생각해 보세요. '**인과응보(因果應報)**'라는 말이 있는데 이는 '**뿌린 대로 거둔다**'는 뜻으로 내가 어떻게 행동하느냐에 따라서 결과가 달라진다는 말입니다. 물론 이것은 모든 일에 다 해당되는 얘기이지만 사람과의 관계에도 마찬가지이지요. 내가 먼저 상대방을 깔보지 않고 공경하게 대하면 상대방도 공경하게 대하고, 그러면 서로에 대한 감정이 좋아지니까 좋은 관계를 유지할 수 있겠지요.

그런데 우리가 살아가다 보면 좋아하는 친구도 있고, 싫어하는 친구도 있는데 좋아하는 친구만 있으면 좋겠다는 생각은 좋지 않은 것 같아요. 왜냐하면 많은 사람들이 살아가는 사회에서는 서로의 입장이나 상황이 달라서 서로 이해하지 못하는 부분이 많기 때문입니다. 즉, 딱히 싫어한다기보다는 **서로의 생각이 다르다는 것을 인정하지 못하기 때문인데 싫어한다고 느끼는 경우가 많기 때문입니다.**

따라서 분명 나쁜 행동이나 올바르지 못한 일을 하는 사람과는 거리를 두어야 하겠지만 서로 다르다는 것을 인정하면서 이해하려는 노력이 필요하다는 것이지요.

그래서 율곡 선생님은 윗사람에 대한 공경과 어떤 친구를 사귀어야 하는지를 말씀하시면서 좋지 않게 생각하더라도 원망이나 화를 내지 말라고 하신 것입니다. 특히 여러분은 지금 열심히 공부해야 하는 학생이니까 서로 열심히 공부를 할 수 있게끔 도와주는 친구가 되려고 노력해야 한다는 걸 잊지 말아야 하겠죠?

배워 볼까요

범 접 인   당 무 화 경
凡接人, 當務和敬,

사람을 대할 때에는 마땅히 온화하고 공경하도록 힘써야 하며,

최 불 가   시 학 자 고   상 기 능 인 야
最不可, 恃學自高, 尙氣凌人也.

절대로, 학문을 믿고 스스로 높이거나, 기운을 숭상하고 다른 사람을 업신여겨서는 안 된단다.

택 우
擇友,

벗을 사귈 때에는,

필 취 호 학 호 선   방 엄 직 량 지 인
必取好學好善, 方嚴直諒之人.

반드시 학문을 좋아하고 선(善)을 좋아하며 바르고 엄하며 곧고 참된 사람을 가려야 한단다.

여 지 동 처
與之同處,

함께 거처하여

허 수 규 계
虛受規戒,
타이르고 경계하는 말을 겸허하게 받아들여

이 공 오 궐
以攻吾闕.
나의 잘못된 점을 고쳐야 한단다.

23. 다른 사람과 관계가 안좋으면 어떻게 해야 할까요?

* 스스로 고치려는 마음과 행실을 닦아야 한단다.

다른 사람들과 만날 때에는 늘 스스로를 낮추고 남을 높이려는 생각을 마음속에 품어야 한단다. 그런데 나를 헐뜯고 비방하는 사람이 있으면 반드시 스스로 반성해 보아야 한단다.

만일 내가 실제로 비방을 받을 만한 일을 했다면 스스로 옳고 그름을 가려 그 잘못을 고칠 것이요,

만일 내 잘못이 작은데도 더 보태고 늘려서 말한 것이라면 그 사람의 말이 비록 지나치더라도 나에게도 실제로 비방을 받을 만한 싹과 줄기가 있는 것이니 지난날의 잘못을 조금도 남겨 두지 말아야 하는 것이란다.

그리고 내가 본래 허물이 없는데도 거짓말로 꾸며낸 것이라면, 그 사람은 정신 나간 사람에 지나지 않을 뿐이니, 그런 사람과 어찌 거짓과 진실을 따질 것이 있겠느냐? 또 그런 사람의 거짓과 비방은 귀를 스치고 지나가는 바람과 같고 허공을 지나가는 구름과 같으니 나에게 무슨 관계가 있겠느냐?

이렇게 생각한다면, 헐뜯고 비방하는 말이 있을 때에 허물이 있으면 고치고, 없으면 더욱 힘쓰게 되어 나에게 모두 유익하게 되는 것이란다.

허물을 듣고 스스로 변명하여 시끄럽게 떠들고 그대로 놔두지 않고 반드시 자신이 잘못이 없음을 밝히려 한다면, 그 허물이 더욱 깊어져 비방만 더욱 심해질 뿐이란다.

그래서 옛날 어떤 사람이 비방을 그치게 하는 방법을 묻자, 문중자(文中子)²⁵⁾가 말하기를 '**스스로 행실을 닦는 것만 못하다**'고 하였고, 더 말해 주기를 청하자 대답하기를 '**변명하지 말라**'고 하였단다.

따라서 이 말이야말로 공부하는 사람이 본받을 만한 것이란다.

함께 생각해 볼까요

어린이 여러분!

우리는 주변에 여러 사람과 함께 지내면서 잘 지내기도 하지만 때로는 오해나 비방을 받아 기분이 상할 때가 있습니다. 나는 분명 그렇

---

27) 문중자(文中子) : 중국 수(隋)나라 때의 사상가로 스스로 유학자임을 자부하고 학문을 닦고 연구에 힘을 쏟음으로써 많은 제자를 배출하였다. 고구려를 침입한 수양제로부터 부름을 받았으나 응하지 않았고, 『문중자(文中子)』 10권을 세상에 남겼다.

게 하지 않았는데, '**발 없는 말이 천리간다**'고 순식간에 부풀려져 퍼져서 속이 상할 때가 있어요. 또 이와는 반대로 확인도 하지 않은 상태에서 상대방을 아무 생각 없이 비방할 때가 있어요. 그렇게 되면 대부분 그런 얘기를 한 친구를 불러내 따지고 다투면서 사이가 아주 안 좋게 됩니다.

그런데 율곡 선생님께서는 이런 일이 있을 때 먼저 무엇을 하라고 하셨나요?

그것은 먼저 왜 그런 일이 있었는지 스스로 반성해 보라고 하셨어요. 어떤 일이 발생할 때는 그럴만한 이유가 있기 마련인데 **먼저 스스로에 대해 반성해 보고, 왜 그런 일이 발생했는지 차근차근 생각해 보면 자신이 어떻게 처신해야 하는지 방법이 나온다는 것입니다.**

그런데 그렇게 하기가 여간 힘든 것이 아니에요. 왜냐하면 먼저 화부터 나니까 화를 진정하기보다는 무턱대고 따지기 일쑤이니까요. 하지만 율곡 선생님이 말씀하신 대로 그런 일이 있었을 때 조금만 깊이 생각해 보고 잘못된 것이 있으면 고치고, 그렇지 않다면 아무 일이 없는 것처럼 의연하게 행동한다면 남들도 금방 시들해질 것입니다.

스스로 좋은 행실을 닦으며 남의 오해나 비방 따위에 흔들리지 않는 마음은 그냥 생기는 것이 아니라 꾸준한 공부와 노력을 통해서 이뤄진다는 것을 가슴에 새기시길 바랍니다.

배워 볼까요

인 유 훼 방 아 자
人有毀謗我者,
남들 중에 나를 헐뜯고 비방하는 자가 있다면,

즉 필 반 이 자 성
則必反而自省.
반드시 돌이켜 스스로 살펴보아야 한단다.

석 자   혹 문 지 방 지 도
昔者, 或問止謗之道,
옛날에 어떤 사람이 남의 비방하는 말을 그치게 하는 방법에 대해 묻자,

문 중 자 왈   막 여 자 수
文中子曰, 莫如自修,
문중자가 말하기를, "스스로 행실을 닦는 것만 못하다." 하였는데,

청 익   왈   무 변
請益, 曰, 無辨,
더 말해 줄 것을 청하자, "변명할 것 없다." 하였으니,

차 언   가 위 학 자 지 법
此言, 可爲學者之法.
이 말이 배우는 자의 법이 될 만하단다.

24. 주위 여러 사람들과는 어떻게 지내야 하나요?

* 자기만 이롭게 하려는 마음을 없애야 한단다.

선생님과 어른을 대할 때에는 사람이 지켜야 할 도리에 있어서 깨닫기 어려운 점을 질문하여 학문을 밝게 하여야 한단다. 그리고 이웃의 나이 드신 어른들을 대할 때에는 마땅히 공손한 태도와 함께 말을 함부로 하지 말 것이며, 묻는 것이 있으시면 공경하는 마음으로 사실대로 대답하여야 한단다.

또 친구와 같이 생활할 때에는 마땅히 올바른 도리와 의리를 서로 배우고 닦으며, 배움과 의리에 대해서만 말할 뿐이지, 세상의 나쁜 말이나 다른 사람의 허물과 잘못된 행동을 일체 입에 올리지 말아야 한단다.

같은 마을 사람들과 함께 생활할 때에는 비록 묻는 데 따라 대답하더라도 끝까지 나쁜 말이나 상스러운 말을 하지 말아야 할 것이요, 점잖은 몸가짐과 함께 절대 스스로 높은 체하지 말아야 한단다. 이에 오직 좋은 말로써 타이르고 이끌어 학문을 향하게 하여야 한단다.

따라서 이렇게 계속해 간다면 마을의 풍속을 점점 좋은 쪽으로 변하게 할 수 있을 것이란다.

남에게 항상 부드럽고 공손하며 따뜻하게 은혜를 베풀고 돕는 마음을 가져야 할 것이며, 만약 남에게 손해를 끼치거나 해치는 일이라면 털끝만큼이라도 하지 말고 마음속에도 두지 말아야 한단다.

무릇 사람들이 자기에게만 이롭게 하고자 하면 반드시 남에게 손해를 끼치거나 해치기에 이르기 때문에 공부한 사람은 먼저 자기에게만 이롭게 하려는 마음을 끊어 버린 뒤에야 사람으로서의 올바른 도리를 배울 수 있는 것이란다.

함께 생각해 볼까요

학교에서 선생님, 이웃의 어른들, 그리고 가까운 친구들은 모두 나에게 도움이 되는 분들이랍니다. 율곡 선생님께서는 이렇게 주위의 소중한 사람들과 잘 지내려면 어떻게 해야 하는지를 말씀하셨어요.

'공경하는 마음과 올바른 도리를 행하는 것'은 기본이고 **'스스로 몸을 낮추는 겸손함'**이 중요하다고 하셨습니다. 그리고 공부하는 사람으로서 무엇보다 중요한 것은 자기의 이익만을 취하면 안 된다고 하신 것입니다.

이 말씀은 자신만의 이익을 취하려 하게 되면 결국 남의 이익까지도 빼앗아야 되기 때문에 서로 다툼이 일어나고 불화가 일어난다는 것입니다. 그런데 세상에는 아주 재미있는 일이 참으로 많아요. 특히 양보하고, 배려만 하는 손해 보는 것 같은 사람이 가장 큰 이익을 얻는 경우입니다. 이것은 여러분도 경험을 통해서 알 수 있는 일입니다. 친구들에게 양보를 잘하고, 남보다 청소도 더 열심히 하고, 자기 것을 친구에게 베푸는 친구가 어떤지 살펴보세요.

항상 그 친구 주변에는 많은 친구들이 모여들고 함께 즐겁게 생활하며, 무슨 일이 생기게 되면 서로 도와주려 할 거예요.

'내가 노력하고 행한 만큼 얻는다는 마음과 남에게 손해를 끼치지 않으려는 마음', 그리고 **'남을 배려하는 마음'** 이야말로 우리 사회를 건강하게 발전시킬 수 있는 원동력입니다. 율곡 선생님께서 우리 어린이 여러분들에게 바라는 소중한 마음입니다.

배워 볼까요

상 이 온 공 자 애   혜 인 제 물   위 심
常以溫恭慈愛, 惠人濟物, 爲心.
항상 온화하고 공손하고 자애로우며 남에게 은혜를 베풀고 구제하는 것으로 마음을 삼아야 한단다.

약 기 침 인 해 물 지 사
若其侵人害物之事,
만약 그것이 남을 침해하는 일이라면

즉 일 호 불 가 유 어 심 곡
則一毫不可留於心曲.

털끝만큼이라도 마음속에 남겨두어선 안 된단다.

범 인   욕 리 어 기
凡人, 欲利於己,

사람들이 자기에게 이롭게 하려고 하면

필 지 침 해 인 물
必至侵害人物.

반드시 다른 사람을 침해하게 된단다.

고 학 자   선 절 이 심
故學者, 先絶利心,

이 때문에 배우는 자는 먼저 자기에게 이롭게 하려는 마음을 끊어버려야 하는 것이니,

연 후   가 이 학 인 의
然後, 可以學仁矣.

그런 뒤에야 인(仁)을 배울 수 있는 것이란다.

슬기롭게 처신하여라 — 처세 處世

   오늘날의 선비라는 이들 가운데 옛사람과 같이 부모를 위하여 수고하는 이를 보지 못하겠구나.
   과거 공부 한 가지 일만이 곧 부모가 마음에 바라는 것이라고 생각하여 이제는 과거 공부하는 것만을 당연한 일로 여기고 있단다. 그리고는 과거 공부하는 이들은 으레 과거에 합격하느냐 떨어지느냐에 마음을 빼앗겨 항상 조급하게 다투느라 도리어 마음을 해치고 공부하는 근본 뜻을 잃어버리는 사람들이 많단다.

25. 살아가는 데 가장 중요한 것은 무엇인가요?

* 눈앞의 이익에 흔들리지 말고 큰 뜻을 세워 끝까지 실천하는 것이란다.

옛날의 학자들은 일찍이 벼슬자리를 구하지 않더라도, 학문이 이루어지면 윗사람이 추천해서 벼슬에 등용하였단다. 대개 벼슬하는 것은 남을 위하는 것이지, 자신을 위하는 것이 아니기 때문이었단다. 그런데 지금 세상은 그렇지 않아서 과거 시험으로 사람을 뽑기 때문에 비록 하늘의 이치를 통달한 학문과 남보다 뛰어난 행실이 있더라도 과거가 아니면 올바른 도리를 펼 수 있는 자리에 나아갈 길이 없구나.

그러므로 아버지는 그 아들을 가르치고, 형은 그 아우를 부추겨서 과거 말고는 다시 다른 방법이 없는 듯하고 있으니, 선비들의 습관이 나빠지는 것은 오로지 이 때문이란다.

이에 지금의 선비라는 이들은 흔히 부모나 집안의 바람을 위하여 과거 공부를 하지 않을 수 없으나, 마땅히 실력을 쌓으며 때를 기다려 과거 합격과 불합격을 하늘의 명에 맡길 것이지 벼슬을 탐하고 조급해 하면서 공부의 참 뜻을 손상시키지 말아야 할 것이다.

　사람들이 말하기를, '과거 공부 때문에 학문을 할 수 없다'고 하는데 이 또한 핑계대는 말이요, 진실된 마음에서 나온 것이 아니란다.
　옛 사람들은 부모를 봉양하면서 몸소 밭을 갈고, 품을 팔며, 쌀을 짊어지고 온 이도 있었단다. 그 때에 힘들고 괴로움이 컸을 것이니 어느 겨를에 글을 읽었겠느냐? 오직 그 부모를 위해 이처럼 자식으로서의 도리를 먼저 하고 난 뒤에 남은 힘으로 글을 배웠는데도 훌륭한 사람이 될 수 있었단다.
　그런데 오늘날의 선비라는 이들 가운데 옛사람과 같이 부모를 위하여 수고하는 이를 보지 못하겠구나. 과거 공부 한 가지 일만이 곧 부모가 마음에 바라는 것이라고 생각하여 이제는 과거 공부하는 것만을 당연한 일로 여기고 있단다. 그리고는 과거 공부하는 이들은 으레 과거에 합격하느냐 떨어지느냐에 마음을 빼앗겨 항상 조급하게 다투느라 도리어 마음을 해치고 공부하는 근본 뜻을 잃어버리는 사람들이 많단다.
　그러므로 옛날의 훌륭한 선현(先賢)이 말하기를 '과거 공부가 학문에 방해되는 것이 걱정이 아니요, 오직 뜻을 빼앗길까 걱정이 된다'고 하였으니, 만약 과거 공부를 하면서도 그 뜻을 지켜 잊어버리지 않을 수 있다면, 과거 공부와 사람의 본성에 대한 공부를 함께 한다 하더라도 어긋남이 없을 것이다.

그런데 지금 사람들은 명색은 과거 공부를 한다 하나 실제는 공부를 하지 않고, 명색은 사람의 본성에 대한 공부를 한다 하나 실제는 그렇게 하지 않는구나.

그래서 과거 공부로써 질책하면 '**나는 사람의 본성에 뜻을 두고 있어서 이에 과거 공부에 급급할 수가 없다**' 하고, 사람의 본성에 대한 공부로써 질책하면 '**나는 과거 공부 때문에 진실된 공부에 힘을 쏟을 수 없다**' 한단다.

그래서 이와 같이 양쪽으로 편리한 대로 내세워 하는 일 없이 세월만 보내다가 마침내는 과거 공부와 사람의 본성에 대한 공부 두 가지 다 성취하지 못하고 늙은 뒤에 뉘우친들 어찌 미칠 수 있겠느냐?

아아! 경계하지 않을 수 있겠느냐?

사람들이 벼슬하지 못할 때에는 오직 벼슬하는 것을 급하게 여기다가도, 벼슬에 오른 뒤에는 또 벼슬을 잃을까 걱정한단다.

이와 같이 골몰하여 그 본심을 잃는 사람이 많단다.

그러니 어찌 경계하지 않을 수 있겠느냐?

> 함께 생각해 볼까요

어린이 여러분!

우리가 공부를 함에 있어서 가장 중요한 것은 올바른 사람이 되고자 뜻을 세우고 그것을 이루기 위해 흔들리지 않고 열심히 배우고 실천하는 노력이랍니다. 반드시 높은 위치에 올라가려는 것은 아닙니다.

율곡 선생님은 **"높은 위치에 오른다는 것은 남을 위하는 것이지, 자신을 위하는 것이 아니다"** 라고 말씀하셨습니다. 즉, 높은 위치에 올라가려는 사람은 남들보다 더 많은 공부와 함께 노력함과 동시에 남들에게 봉사하겠다는 올바른 마음이 있어야 한다는 것입니다.

즉, 자신과 주변을 올바르게 살피면서 이 사회를 위해 어떻게 봉사하며 살겠다는 마음으로 그 직위를 수행해야지 개인의 욕심을 얻기 위해 높은 위치를 차지하면 그 위치를 지키느라 전전긍긍하는 가여운 삶을 살 수밖에 없다는 뜻입니다.

"행복은 항상 여러분의 마음속에 있고 어떻게 생각하고 행동하느냐에 따라 달라진다는 것!"

가슴에 새기고 또 새기시기 바랍니다.

공부에 힘쓰되 늦추지도 말고 조급해 하지도 말며, 죽은 뒤에야 그만 둘 것이니, 만일 그 효과가 빨리 나기를 구한다면 그 또한 이익을 탐하는 마음이다. —율곡 이이 선생님의 「자경문」 중에서

배워 볼까요

인언과업위루 불능학문
人言科業爲累, 不能學問,
사람들이 말하기를 "과거 공부에 매여서 능히 학문을 할 수 없다." 하는데,

차역추탁지언 비출어성심야
此亦推托之言, 非出於誠心也.
이 또한 핑계대는 말이요 진심에서 나온 말이 아니란다.

고인양친
古人養親,
옛날 사람들은 부모를 봉양함에

유궁경자 유행용자 유부미자
有躬耕者, 有行傭者, 有負米者,
직접 밭을 간 자도 있었고, 다니며 품팔이한 자도 있었으며, 쌀을 져온 자도 있었으니,

하가독서호
何暇讀書乎.
어느 겨를에 글을 읽었겠는가?

유 기 위 친 임 로　기 수 자 직
惟其爲親任勞, 旣修子職,
오직 그 어버이를 위해 수고로움을 맡아서 자식으로서 할 일을 하고서

이 여 력 학 문　역 가 진 덕
而餘力學文, 亦可進德.
남은 힘으로 글을 배웠음에도, 또한 덕에 나아갈 수가 있었단다.

3. 율곡 이이 선생님의 일생과 업적

율곡 이이 선생님은 평생 동안 한결같은 마음과 자세로 사람으로서의 올바른 도리를 실천하고 나라의 발전과 백성들의 삶을 안정시키기 위하여 노력하신 분이예요.

또 조선의 성리학을 세계적인 수준으로 끌어올리는 데 기여하여 퇴계 이황 선생님과 함께 조선을 대표하는 큰 학자로서 많은 저술과 제자를 길러내셨답니다.

어린이 여러분!

율곡 선생님의 훌륭한 삶을 본받는다는 것은 우리가 어떻게 살아가야 하는지를 가슴에 새기는 것과 같습니다.

1. 율곡 선생님은 어떤 삶을 사셨나요?
2. 율곡 선생님은 어떤 업적을 남기셨나요?
3. 율곡 선생님의 '어린이가 하지 말아야 할 열일곱 가지 조목'

1. 율곡 선생님은 어떤 삶을 사셨나요?

강릉 외가에서 태어나신 율곡 선생님

율곡 선생님은 1536년(조선 중종 31년)에 태어나서 1584년(조선 선조 17년)에 49세를 일기로 돌아가신 조선 중기를 대표하는 큰 학자요, 정치가였답니다.

선생님의 이름은 이이(李珥)이며, 성년이 되어 부르는 이름인 자(字)는 숙헌(叔獻), 그리고 호는 율곡(栗谷), 석담(石潭), 우재(愚齋)라고 하였습니다. 그 중에서도

율곡 이이 선생님 초상화

선생님의 고향 마을인 경기도 파주의 율곡촌에서 따온 '율곡'이라는 호가 널리 알려졌어요. 율곡이란 '밤나무골'이라는 뜻입니다.

선생님께서는 외가가 있는 강원도 강릉의 오죽헌에서 태어나셨어요. 사헌부 감찰(사헌부는 지금의 검찰청에 해당하는 기관으로서 감찰은 중간 간부급)을 지낸 아버지 이원수(李元秀)와, 시와 글씨, 그림에 뛰어나서 여류 삼절(三絶)로 유명한 어머니 사임당(師任堂) 신씨(申氏) 사이에 셋째아들로 태어나셨습니다.

그런데 율곡 선생님이 태어나던 전날 저녁에 어머니 신사임당은 검은 용이 큰 바다에서 날아와 방안에서 몸을 감고 있는 꿈을 꾼 뒤 곧이어 율곡 선생님이 태어나셨습니다. 그래서 율곡 선생님은 어렸을 때에는 꿈에 용을 보았다는 뜻으로 '현룡(見龍)'이라는 이름으로 불렸어요. 지금도 오죽헌에는 선생님이 태어나신 집이 남아 있는데, 그 방의 이름도 꿈에 용을 보았다는 뜻의 '몽룡실(夢龍室)'이라고 하였답니다.

선생님은 어려서부터 아주 뛰어난 아이로 소문이 났어요. 말을 배우면서 곧 글자를 깨우쳐서 세 살 때 외할머니가 석류 한 개를 내어놓고 물어보았답니다.
"현룡아, 이 물건이 무엇과 같으냐?"
"음, 껍질 안에 붉은 구슬이 부서져 있네요."
사람들은 세 살밖에 안된 어린 아이가 그렇게 묘사하자 정말 대단하다며 놀랐습니다.

강원도 강릉 오죽헌

효성이 지극했던 율곡 선생님

또 율곡 선생님은 어려서부터 부모님에 대한 효성이 뛰어나셨습니다. 율곡 선생님이 다섯 살 때에 어머니 신사임당이 위독하여 집안사람들이 정신이 없었습니다. 그러자 율곡 선생님은 혼자 몰래 돌아가신 외할아버지 사당에 들어가 어머니가 낫게 해달라고 기도를 하고 있었지요. 사람들이 그 모습을 보고 어리지만 지극한 효성에 크게 감복했어요.

그 후 선생님은 여섯 살 때에 어머니를 따라 서울의 집으로 돌아왔는데, 타고난 재능도 뛰어났지만 공부에 대한 꾸준한 노력으로 학문과 인격이 날로 새로워졌습니다. 특히 어머니 신사임당의 따뜻한 자식 사랑과 올바른 사람의 도리에 대한 가르침은 선생님의 인생에 큰 영향을 끼쳤습니다. 그런 훌륭한 가르침과 사랑을 받은 율곡 선생님은 아홉 살 때에 『이륜행실도』[28]에 나오는 장공예의 '구세동거도'라는 그림을 보았는데 '9대가 함께 살며 화목한 가정을 이루는 그림'이었어요. 선생님은 그림을 보며 감동하여 형제가 함께 부모를 봉양하며 사는 모습을 그려놓고 부모에게 효도하고 형제간에 사랑하며 지내야 한다는 뜻을 늘 되새겼어요. 그런 마음을 늘 가슴에 새기면서 열한 살 때에는 아버지가 위독하자 칼로 손가락을 찔러 피를 내어 드리고, 또 사당에 들어가 조상님들께 간절히 빌었습니다.

"저는 나이도 어리고 재주가 많아 귀신을 잘 섬길 수 있으나, 아버지는 나이도 많고 나만큼 재주도 없으니 대신 나를 데려가 주세요."

이에 사람들은 또 한 번 율곡 선생님의 지극한 효성에 놀라게 되었다고 합니다.

하지만 큰 슬픔이 다가왔습니다. 율곡 선생님이 열여섯 살 되던 해 5월에 어머니 신사임당이 마흔여덟 살의 나이로 숨을 거두셨어요. 어머니에 대한 사랑이 남달랐던 율곡 선생님은 너무도 큰 슬픔에 빠졌답니다. 어머니 3년 상을 치르자 어머니를 잃은 슬픔을 달

---

28) 『이륜행실도』: 조선 중종 때, 윗사람과 친구에 대한 도리에 뛰어난 사람의 사실을 모아 엮은 책이다. 그 뒤 정조 때에 이르러 『삼강행실도』와 합하여 『오륜행실도』로 만들어졌다.

래기 위해 열아홉 살 되던 해 3월에는 금강산에 들어가 불교에 대한 공부를 하셨어요.

그러다가 스무 살 때 금강산에서 나와 다시 유학 공부에 전념하기로 마음을 바꾸고, '스스로 경계하는 글'이라는 뜻의 「자경문(自警文)」을 지어 학문에 대한 각오를 새롭게 하였어요. 스스로 옛날의 훌륭한 성인(聖人)처럼 되고자 다짐하고 그 실천을 위해 노력하겠다고 결심하였습니다. 그 후 선생님은 자신과 한 약속이지만 거스르지 않고 평생 이를 지키며 노력하여 성리학자(유학자)로서 훌륭한 인격과 학문을 이루셨던 것입니다.

올바른 현실 개혁을 꿈꾼 율곡 선생님

이렇게 지극한 효성과 함께 삶의 올바른 도리를 깨우치려고 공부에 게을리 하지 않았던 율곡 선생님은 관료가 되기 위한 과거 시험에 있어서도 매우 뛰어난 성적을 거두셨어요. 열세 살 때에 진사 시험의 초시에 합격하였는데, 이 시험은 지금의 대학교인 성균관에 입학하거나 관리로 진출할 수 있는 대과에 응시할 자격이 주어지는 시험이에요. 그 뒤 스물아홉 살 때에 임금님 앞에서 보는 큰 과거에 합격하여 첫 벼슬에 나아가기까지 아홉 번 과거를 보았는데, 그때마다 모두 1등인 장원으로 급제하여 '구도장원공'으로 불리기도 했어요. 특히, 스물세 살 때에 과거 답안지로 제출한 '천도

책'은 당시 시험 문제를 출제한 사람들도 놀랄 정도의 뛰어난 내용으로서 중국에까지 알려졌답니다.

　율곡 선생님께서는 스물아홉 살 되던 해에 처음으로 벼슬길에 오르셨습니다. 나라의 살림살이를 담당하는 호조 좌랑이라는 관직이었는데, 지금의 기획재정부 중간 관리에 해당합니다. 이후 율곡 선생님은 마흔아홉 살에 돌아가시기까지 지방과 중앙 정부에서 여러 중요한 관직을 두루 거치셨습니다.
　율곡 선생님은 관직에 있는 동안 나라와 백성들을 위하여 잘못된 정책을 바로잡아 고치는 일에 많은 노력을 기울여 여러 가지 훌륭한 업적을 남기셨습니다.
　특히 이때에는 명종과 선조 임금이 차례로 나라를 다스리던 때였는데, 나라 정치가 기강이 무너지고 혼란스러워 백성들이 살아가기 매우 어려운 때였어요. 못된 벼슬아치들이 백성들의 재물을 가혹하게 빼앗고 세금을 중간에서 가로채는 등 부정이 극심했답니다. 그래서 율곡 선생님께서는 이를 바로잡아 백성들의 살림살이를 안정시키고 나라 살림살이를 튼튼하게 하기 위하여 노력하셨어요.
　그 대표적인 것이 세금 제도를 바로잡아 나라 살림과 백성들의 살림살이를 안정시키기 위하여 '대동법'[29]과 '사창'[30] 제도의 실시를 주장한 것이랍니다.
　또한 선생님께서는 나라를 다스리는 임금이 올바른 생각으로 나라를 다스리게 하기 위하여 수많은 건의를 올렸습니다. 그렇지만 이를 반대하던 세력들이 많아서 선생님의 뜻을 제대로 펼 수가 없었답니다.

율곡 이이 선생님 묘소

돌아가시기 얼마 전에는 장차 나라에 큰 환란이 닥칠 것을 미리 생각하시고 10만 명의 병사를 기를 것을 말씀하셨는데 이것이 바로 유명한 '10만 양병설'입니다. 하지만 이 또한 당시 조정 관료들의 반대로 실현되지 못했답니다. 때문에 선생님이 돌아가신 뒤 10년이 지나지 않아서 조선은 왜군의 침입으로 7년에 걸친 큰 전란에 휩싸이게 되었는데 이것이 바로 '임진왜란'과 '정유재란'이랍니다.

율곡 선생님은 1584년(선조 임금 17년) 정월 16일에 49세를 일기로 서울의 대사동(지금의 종로구 관훈동 지역) 자택에서 돌아가셨습니

---

29) 대동법 : 조선시대에는 각 지방의 특산물을 세금으로 바치게 하였는데, 부담이 불공평하고 수송과 저장에 불편이 많았다. 또한 생산되지 않는 특산물을 배정하고 중간에서 관리들이 착취하는 등 농민 부담을 가중시켰고 국가 수입을 감소시켰다. 이에 이러한 폐단을 바로잡기 위하여 특산물을 쌀로 통일하여 납부하도록 한 것이 대동법이다.
30) 사창 : 봄에 곡식이 부족할 때 곡식을 꾸어 주고 가을에 받아들이는 일종의 빈민 구호제도이다.

1. 율곡 선생님은 어떤 삶을 사셨나요?   153

다. 선생님께서 돌아가시자 선조 임금도 3일 동안 나라의 조회를 중지하였고, 온 나라의 뜻있는 사람들이 선생님의 죽음을 매우 안타까워했다고 합니다. 특히 돌아가시기 전날 선생님을 문안한 송강 정철이 남긴 기록에 의하면, 숨을 거두는 마지막 순간까지도, "사람을 채용하는 일에 편중됨이 없어야 한다."며 나랏일을 걱정

어머니 신사임당

신사임당은 뛰어난 여류 작가로서, 그리고 아름다운 덕성을 지니고 이를 실천한 사람으로서 지금도 많은 존경을 받고 계시는 분입니다. 더욱이 조선의 대학자 율곡 선생님의 어머니로서 우리나라 역사에서 가장 훌륭한 어머니로 알려진 분입니다.

대부분의 여성이 교육을 받지 못했지만 신사임당은 어려서 외할아버지의 교육과 함께 그림 공부를 할 수 있어서 그 시대의 여성으로는 드물게 높은 교양을 지닌 훌륭한 예술가가 되었습니다.

특히 꽃, 새, 나비, 벌 등의 그림을 보면 너무나 묘사가 뛰어나서 이를 본 사람마다 놀랐다고 전하는데 지금도 신사임당이 직접 그린 그림들이 남아 있답니다. 또한 신사임당은 어머니에 대한 효심이 깊어서 결혼 후에도 어머니를 가까이 모시기 위하여 강릉 본가에 남았는데, 이 때문에 율곡 선생님도 강릉의 외가에서 태어나셨답니다.

했다고 합니다. 또 선생님께서는 집에 남기신 재산이 거의 없어서 수의도 이웃집 친구의 것을 빌어다 썼다고 할 정도였다고 합니다. 학자로서, 교육자로서, 정치가로서 청빈한 생활을 하신 것은 올바른 삶의 도리를 실천하고자 했던 삶의 목표를 그대로 보여주는 것이라 하겠습니다.

율곡의 어머니 신사임당 초상화   신사임당이 그린 포도그림(부분)

일곱 명의 자식을 낳고 기르며 그들을 직접 가르쳐서 훌륭하게 길러낸 신사임당은 그 자신의 성실함은 물론 남편을 모시고 부모님에게 효도를 다한 우리 겨레의 어머니이신 것입니다.

2. 율곡 선생님은 어떤 업적을 남기셨나요?

학자로서의 율곡 선생님

율곡 선생님은 뛰어난 학자로서 퇴계 이황 선생님과 함께 조선시대를 대표하시는 분입니다. 당시 유학을 성리학이라는 이름으로 불렀는데, 중국 주자학의 학문을 깊이 연구하여 많은 학문적 연구 성과를 이룩하였고, 당시의 학문적 수준은 세계 학계에서도 높이 평가할 정도랍니다.

『율곡전서』

특히 율곡 선생님의 학설은 퇴계 선생님과 비교하여 큰 차이가 있었는데요. 즉, 퇴계 선생님이 주로 개인의 인성의 수양과 올바른 실천 도리를 학문적으로 주장한 데 비하여, 율곡 선생님은 현실 개혁적인 실천의 도리를 위주로 한 실천론을 폈기 때문에 큰 차이를 보인답니다. 이러한 율곡 선생님의 '현실 참여와 실천'에 대한 학풍은 뒤에 많은 학자들에게 영향을 주었는

퇴계 이황 선생님과 만남

율곡 선생님과 퇴계 선생님은 조선을 대표하는 큰 학자입니다.

율곡 선생님은 스물두 살 때에 혼례를 올린 뒤, 이듬 해 상주 처가에서 강릉 외가로 가는 길에 예안의 도산서원에 찾아가 당시 대학자로 이름이 널리 알려진 퇴계 이황 선생님을 만나게 되었습니다. 당시 율곡 선생님은 스물세 살, 퇴계 선생님은 쉰여덟 살이었으니 나이 차이가 실로 서른다섯 살이나 차이가 났어요.

퇴계 이황 선생님 초상화

하지만 퇴계 선생님은 율곡 선생님의 뛰어난 학문과 재주에 감탄하였고, 율곡 선생님도 퇴계 선생님의 학문과 인격을 우러러 존경하며 평생 서로의 학문을 아끼고 격려하는 관계를 지속하였습니다. 비록 서로 학문적 견해는 달랐지만 올바른 학문을 위한 자세와 정신을 높이 사서 존경하는 마음만은 변치 않았답니다. 지금 사람들도 이런 점을 배울 수 있다면 서로 의견이 다르다고 헐뜯고 싸울 것이 아니라 상대방의 의견도 존중하는 넓은 아량이 필요할 것 같습니다. 해주에 머무시던 1570년 12월 퇴계 선생님이 돌아가셨다는 소식을 들은 율곡 선생님은 크게 슬퍼하시고 '퇴계 선생을 위하여 곡을 함'이라는 시를 지으셨습니다.

> ……
> 백성들은 위나 아래나 모두 선생님의 혜택을 입기를 바랐건만,
> 선생님은 홀로 산림 가운데서 몸을 닦으셨지요.
> ……
> 남쪽 하늘 아득히 저승과 이승이 갈리니
> 서해의 물가에서 눈물 마르고 창자가 끊어집니다.

데, 현실 정치를 개혁하고자 한 실천적 태도는 뒷날 실학자들의 연구 태도에도 큰 영향을 준 것으로 평가되고 있답니다.

그리고 선생님의 이러한 사상은 『율곡전서』라는 책에 모아져 전하는데, 그 중에는 퇴계 이황 선생님 등 당대의 유명한 학자들과 주고받은 편지들이 수록되어 있어서 귀중한 자료가 되고 있습니다.

관료로서의 율곡 선생님

율곡 선생님께서 처음 벼슬을 시작한 것은 스물아홉 살 때입니다. 과거에 급제하여 호조 좌랑이라는 관직으로 관료 생활을 시작하셨지요. 호조는 나라의 살림살이를 맡아보는 부서인데, 이조, 예조, 병조, 형조, 공조와 함께 육조(六曹)의 하나랍니다. 좌랑은 정5품 벼슬로서 중간 관리에 해당한답니다.

당시 조선은 심각한 문제를 안고 있었는데, 무엇보다도 사회의 근본 기강이 무너지고 있었답니다. 정치는 임금의 총애를 받는 몇몇 권신들의 손에 좌우되고 있었고, 나라 살림의 근간이 되는 조세 제도가 근본부터 문란해졌습니다. 관리나 권세 있는 자들이 각종 세금을 중간에 가로채는 일들이 많았고, 나라의 국방도 허술해져 큰 어려움을 겪고 있던 시기였어요. 그래서 각처에서 도적들이 나타나기도 했는데 여러분들이 잘 알고 있는 '임꺽정'이 출현한 것도 바로 이 당시 명종 임금 때였습니다.

그래서 율곡 선생님은 늘 나라를 튼튼히 하고 백성들의 삶을 안정시켜야 나라가 잘살고 강하게 된다는 생각에, 잘못된 관행이나 제도를 없애고 개혁적인 정책들을 만드시고 이의 실행을 위하여 많은 노력을 기울이셨지요. 나라의 살림을 튼튼히 하기 위한 '대동법'의 실시, 백성들의 생활을 안정시키기 위한 조세 제도의 개혁 등을 주장하였지만, 이를 반대하는 세력들에 의해 그 뜻을 제대로 펼칠 수는 없었습니다.

또 율곡 선생님은 나라의 임금이 모범이 되어야 나라가 반듯하게 된다는 믿음으로, 임금이 올바른 정치를 실행할 수 있도록 임금의 잘못을 바른 말로 바로잡는 일에도 많은 힘을 기울였습니다. 그래서 지속적으로 상소를 올렸는데, 그중에 현실 정치의 개혁을 주장한 1만 글자나 되는 긴 글의 「만언봉사(萬言奉事)」를 올리기도 하고, 1575년에는 당시 스물다섯 살이던 선조 임금님을 위하여 유명한 『성학집요(聖學輯要)』를 지어 올리기도 하였답니다.

교육, 저술가로서의 율곡 선생님

율곡 선생님은 벼슬길에 나아가 나라와 백성을 위해 많은 힘을 기울였지만, 당시 임금과 권세를 잡은 세력들은 율곡 선생님의 뜻을 반대하는 일이 많았습니다.

그래서 현실 정치에 나아가 개혁 정책을 만들고 임금에게 이의

『동호문답』: 율곡 선생님께서 선조 임금을 위하여 자신의 정치관을 문답식으로 서술한 글인데 임금과 신하의 도리 등 올바른 정치를 위한 글이다.

「만언봉사」: 선조 임금에게 시대가 바뀌면 법 제도가 맞지 않기 때문에 현실에 맞게 제도를 개혁해야 한다는 내용의 상소문이다. '정치에 있어서는 때를 아는 것이 소중하고 일에 있어서는 실질적인 것에 힘쓰는 것이 중요하다'고 하면서 때에 따라 알맞은 법을 마련하여 백성을 구제해야 한다고 주장하였다.

『성학집요』: 제왕의 학문 내용을 정리해 선조 임금에게 바친 책이다. 8편으로 구성되었으며 최고 권력자인 임금의 수양과 학문에 대해서 기록한 대표적 저술이다. 이는 임금이 공부를 하는 경연의 교재로 많이 이용되었는데, 일반 양반들의 공부에도 매우 중요한 저술이었다.

『격몽요결』: 이 책은 선생님께서 42세 때 지으신 책이다. 학문을

실현을 제안하는 한편, 인재의 양성과 활발한 저술 활동을 병행하셨습니다. 율곡 선생님은 관료로서 활동하는 가운데 『동호문답(東湖問答)』, 「만언봉사」, 『성학집요』 등을 지어 국정 전반에 관한 개혁안을 임금에게 제시하였습니다.

하지만 이러한 개혁 사상들과 정책들이 제대로 반영되기에는 당시 정치적 혼란이 매우 극심했습니다. 그런 가운데 건의한 개혁안

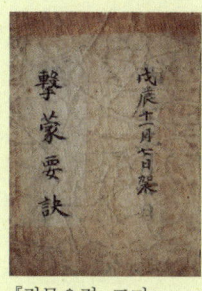 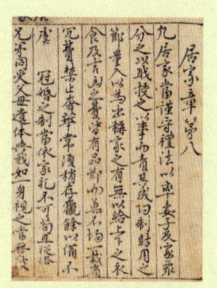

『격몽요결』 표지　　　친필 『격몽요결』

처음 시작하는 초학자들을 위한 입문서로 쓰신 책인데, 내용은 모두 10장으로 이루어져 있어서, 뜻을 세움(입지), 나쁜 습관을 없앰(혁구습), 몸가짐(지신), 독서, 부모님 섬김(사친), 상제, 제례, 집에서의 생활(거가), 사람들과의 교제(접인), 처세 순으로 구성되어 있다. 이 책은 내용이 학문하는 사람이 힘써야 할 내용들이 간결하면서도 명확하게 제시되어 있어서 인조 임금 때에는 임금의 명으로 전국 모든 향교에 배포되어 어린아이를 가르치는 기본 교재가 되었다.

이 선조 임금에 의해 받아들여지지 않자 선생님께서는 벼슬을 그만두고 고향인 파주 율곡으로 낙향하셨습니다.

이후 벼슬에 나아가지 않고 본가가 있는 파주의 율곡리와 처가가 있는 해주의 석담(石潭)을 오가며 교육과 교화 사업에 힘을 쏟으셨습니다. 그리고는 『격몽요결』을 저술하고, 해주에 은병정사(隱屛精舍)를 건립하여 교육에 전념하신 것입니다.

향촌 교화를 위해 힘쓰신 율곡 선생님

율곡 선생님은 벼슬길에 나아가 중앙에서 활약하시는 한편, 지방관으로서 청주에 나아가신 적이 있었는데, 이때에 중국 송나라 때의 향촌 규약인 '여씨 향약'을 본받아 향촌의 교화를 위해 향약을 지어서 널리 보급하는 일에 힘을 기울이셨지요. 그래서 중국 송나라 때의 '여씨 향약'을 우리나라 실정에 맞게 고쳐서 새롭게 보급하는 일에 힘을 기울이셨어요. 왜냐하면 향촌을 교화해야 도덕적인 이상정치가 실현될 수 있다고 생각하셨기 때문이지요. 그 후로 율곡 선생님은 황해도 관찰사로 나가셨을 때에는 '해주 향약'을 만들어 보급하는 일에 힘을 기울이셨습니다. 또 집안에서는 가족과 친척들이 지켜야 할 규약을 만들어 한 집안 사람들이 서로 돕고, 필요한 약속을 지키는 것을 실천하도록 하셨습니다.

율곡 선생님이 제자들과 학문을 논했던 화석정

향약(鄕約): 1076년 중국 송나라의 여대균 4형제가 그들의 일가 친척과 향촌 전체를 교화시킬 목적으로 만들었다고 전하며, 일종의 향촌 사람들이 스스로 지켜야 할 약속이라고 할 수 있다. 그래서 이를 '여씨 향약'이라고 하는데, 1백 년 뒤에 주자(주희)가 이를 바탕으로 일부 내용을 고쳐 '주자 향약'이라고 불렀다. 향약의 주된 내용은 크게 첫째 좋은 일은 서로 권하고, 둘째 잘못을 서로 바로잡아 주며, 셋째 예절바른 풍속은 서로 본받을 줄 알아야 하며, 넷째 어려움을 당한 사람은 서로 도와주어야 한다는 것이다.

　율곡 선생님은 이러한 중국의 향약을 우리나라 향촌에도 똑같이 적용한다면 향촌 사람들을 교화시킬 수 있겠다고 생각하시고 우리나라 실정에 맞게 고쳐서 향약을 널리 펼치고자 노력하였다.

3. 율곡 선생님의 '어린이가 하지 말아야 할 열일곱 가지 조목'

　율곡 선생님은 어린이들을 가르칠 때 참된 공부를 위해 열일곱 가지 조목을 알려주며 지키라고 당부하였습니다. 그리고는 무거운 것은 한 번을 범하더라도 벌을 주었고, 가벼운 것은 세 번을 범하면 벌을 주었다고 합니다.
　자라나는 어린이들이 올바르게 성장하기를 바라는 율곡 선생님의 간절한 뜻이 담겨 있습니다.

1) 교훈을 지키지 않고 마음을 다른 일에 쏟는 것
2) 부모가 시킨 일을 곧 시행하지 않는 것
3) 형과 어른을 공경하지 아니하며, 하는 말이 포악하고 사나운 것
4) 형제끼리 사랑하지 아니하고, 서로 분해하며 다투는 것
5) 음식을 서로 다투고 사양하지 않는 것
6) 다른 아이들을 침해하고 업신여기며, 서로 분해하고 다투는 것
7) 서로 경계하는 뜻을 받아들이지 않고, 원망하고 노여움을 내는 것
8) 두 손을 마주잡는 것이 단정하지 못하여, 옷소매를 풀어 놓고 한쪽 다리에 의지하여 기대어 서는 것
9) 걸음걸이가 경솔하여 잘 뛰어다니고 뛰어 넘는 것
10) 실없는 농지거리를 좋아하며, 말과 웃음이 시끄러운 것
11) 아무런 이로움이 없고 관계도 없는 일을 만들기를 좋아하는 것
12) 일찍 자고 늦게 일어나고, 게을러서 책을 읽지 아니하는 것
13) 책을 읽을 때 서로 돌아보며 잡스러운 이야기를 하는 것
14) 정신을 차리지 않고 어둡게 행동하며, 낮에도 또한 앉아서 조는 것
15) 나쁜 점을 두둔하고 잘못을 감추며, 말이 진실하지 않은 것
16) 한가로운 사람 만나기를 좋아하고, 잡된 이야기를 하며 공부를 하지 않는 것
17) 초서(흘려쓴 글씨체) 쓰기를 좋아하며, 어지러운 글씨로 종이를 더럽히는 것

오죽헌 그림(1902년)